SCHLESWIG-HOLSTEIN

Kulinarische Streifzüge

Norbert von Frankenstein

SCHLESWIG-HOLSTEIN
Kulinarische Streifzüge

Mit 66 Rezepten,
exklusiv fotografiert
für dieses Buch
von
Hans Joachim Döbbelin

SIGLOCH
EDITION

INHALT

Entlang der Nordseeküste wird auf den Krabben-kuttern der schnell ver-derbliche Fang gleich an Bord gekocht. Was hier verarbeitet wird, sind indes genaugenommen keine kurzschwänzigen Krabben, sondern lang-schwänzige, zierliche Gar-nelen, landläufig Nordsee-krabben genannt.

Zu Seite 2:
Der Leuchtturm Wester-heversand wurde zum Sinnbild der ganzen Küstenregion von der Elb-mündung bis nach Sylt. Zwar steht er am äußer-sten Zipfel der Halbinsel Eiderstedt, wenige Kilome-ter von St. Peter-Ording, das hindert jedoch eine große ostfriesische Brauerei nicht, ihn für ihre Werbung zu verwenden.

Liebe Leserinnen und Leser,

wer mehr als eine Stippvisite nach Schleswig-Holstein, in das Land „zwischen den Meeren", macht, wird nicht nur die gegensätzliche Schönheit der Landschaften, sondern auch die angeblich so sturen Menschen und deren kulinarische Speziali-täten schätzen lernen. Die typi-schen Gerichte sind herzhaft, bodenständig und deftig wie die Menschen, seit ewigen Zeiten geprägt vom harten Kampf mit dem „Blanken Hans", dem Meer. Trotzdem findet man auf den Speisezetteln keinesfalls nur Fische und Meeresfrüchte. Fleisch und Süßspeisen haben ihren festen Platz. Manch eine Köstlichkeit wie die Rote Grütze, eroberte sogar alle deutschen Lande.

Viel Freude bereitete das Auf-spüren traditioneller Rezepte, die teilweise verfeinert und moder-nisiert wurden. Auch die vielen kleinen „Döntjes", Erzählungen und Begebenheiten, die sich um Tafelfreuden und Trinksitten ran-ken, zeugen davon, daß oft unter der rauhen Schale ein handfester, ja verschmitzter Kern steckt. So werden vielleicht auch Sie eines Tages zu einer Liebeserklärung an das Land, seine Menschen und ihre Leckerbissen kommen.

Norbert v. Frankenstein

Geschichte und Geschichten

„Up ewig ungedeelt", auf ewig ungeteilt, sollten die beiden Landesteile Schleswig und Holstein bleiben, so wurde es jedenfalls 1460 in dem kleinen Ort Ribe beschlossen, als der König der Dänen, Christian I. aus dem Hause Oldenburg, zum neuen Landesherrn gewählt wurde. Das feierliche Gelöbnis des Herrschers war allerdings nicht von langer Dauer. Bereits 1490 und dann 1544 wurden die beiden Herzogtümer doch wieder geteilt. Mehrmals zusammen und erneut getrennt – die Geschichte des Landes in früheren Jahrhunderten verlief im Zickzack-Kurs und gipfelte schließlich, als die Dänen das ganze Schleswiger Land dem Mutterland einverleiben wollten, 1848 bis 1850, 1864 und 1866 in drei Kriegen. Die Preußen waren siegreich, und fortan war Schleswig-Holstein ein Teil Preußens und später des Deutschen Reichs.

Das ist natürlich ein sehr vereinfachter Abriß der Vergangenheit, die in ihren Details, Irrungen und Wirrungen mehrere Bände füllen könnte. Zumal die Historie der Königsfriesen in Nordfriesland, die nur dem König untertan waren, ebenso erzählt werden müßte wie die nicht weniger interessante Tradition der Bauernrepublik in Dithmarschen und der Entwicklungsgang der Freien Hansestadt Lübeck mit ihren weitreichenden Verbindungen. Ebenfalls dazu gehören die Geschehnisse in Nordschleswig sowie im Herzogtum Lauenburg und vieles mehr.

Auf einen kurzen Nenner gebracht, kann man sagen, die Geschichte des Landes zwischen Nord- und Ostsee verlief reichlich stürmisch, bis in die Zeit nach dem Ende des Zweiten Weltkrieges, als Dänemark sich zu gern noch ein Stückchen vom Lande abgeschnitten hätte.

All das ist vorbei, was noch im vorigen Jahrhundert in einem Reiseführer als „eine ferne und seit Jahrhunderten vergessene Ecke Deutschlands" bezeichnet wurde, hat sich zu einem Land der Erholung, der „weißen" Industrie, also des Tourismus entwickelt. Millionen Urlauber tummeln sich nicht nur in den Sommermonaten an den Stränden der Bäder und Urlaubsorte an beiden Küsten. Auch das Binnenland, früher das Sorgenkind, wird heute oft und gern besucht. Weshalb dieser Landstrich einst das Sorgenkind war? Nehmen wir den Vergleich, den der Dithmar-

Reusen, die trichterförmigen Geflechte zum Fischfang, werden an beiden Meeren benutzt, die Schleswig-Holstein einrahmen, und kommen auch in Binnengewässern zum Einsatz.

Man ist versucht, den Fischer im Schleswiger Stadtteil Holm zu fragen, ob der Fang gut war.

scher Küsterssohn und spätere Kieler Kirchenpropst Klaus Harms anstellte. Das Land sei wie ein Schwein an den Seiten fett, dort wachse der Speck, während es in der Mitte, auf dem Rücken, mager sei. Er meinte natürlich die Marsch und die Geest. Im Osten Schleswig-Holsteins ziehen sich Endmoränenlandschaften mit sanften Hügeln, klaren Seen und ausgedehnten Buchenwäldern hin, ein fruchtbares Band. In der Mitte des Landes hingegen liegt der Geestrücken, ein karges, landwirtschaftlich mageres Terrain aus Moor, Kiefernwäldern und Heidestrichen. Im Westen, beginnend vor den Toren der Hansestadt Hamburg, die Elbe und die Nordseeküste entlang bis hoch nach Sylt, herrscht die Marsch vor. Fette Weiden und schwere, ertragreiche Böden kennzeichnen diesen Landesteil, der bis heute bäuerlich geprägt ist. Es gibt übrigens außer dem Schweinevergleich die etwas liebevollere Parallele zu einem Pfannkuchen, bei dem ja auch die Ränder das Beste sein sollen ...
Im Laufe der Jahrhunderte kamen immer wieder Menschenströme in das nie sehr bevölkerungsreiche Land und frischten das Blut der Menschen auf, die

immer schwere körperliche Arbeit leisten mußten. Ob aus Frankreich während und nach der Revolution geflohen, aus Holland aus Glaubensgründen ausgewandert oder durch die Ereignisse zum Ende des Krieges aus den deutschen Ostgebieten entkommen, Schleswig-Holstein bot allen, mehr oder minder freiwillig, eine neue Heimat.
Die verschiedenen Kulturen hinterließen stets ihre Spuren, brachten neue Impulse und Kenntnisse, und so verschmolz das Bodenständige im Laufe der Zeit mit dem Neuen. Ganze Siedlungen, wie das Holländerstädtchen Friedrichstadt an der Westküste, wurden durch die Zugereisten geprägt. Lübeck, einerseits durch die Hanse weltoffen und dennoch innerhalb der alten Familien in sich gekehrt und fremden Einflüssen gegenüber eher zurückhaltend, nahm nach 1945 rund 90 000 Neubürger auf. Sogar auf den alteingesessenen Höfen in der Elbmarsch, in Dithmarschen und Nordfriesland – die Bauern waren stolzer als mancher Edelmann –, kam es zu Verschmelzungen, die sich trotz anfänglicher Probleme letztlich positiv auswirkten. Denn eigentlich, so ganz im Inneren,

herrschte meist die Ansicht vor, daß man doch lieber „unter sich" geblieben wäre. Aber auch das ist Vergangenheit.

Die Neubürger brachten nicht nur handwerkliches Wissen mit, auch die Eßkultur erhielt Anstöße. Bis dahin unbekannte Leckereien verbreiteten sich, wurden adaptiert, den Möglichkeiten und Erträgen der Höfe angepaßt und wie selbstverständlich zu einem Bestandteil der Tafelfreuden, die früher, je nach Landstrich, ohnehin nicht sonderlich begeisternd und abwechslungsreich waren.

1837 schrieb der Sylt-Chronist Henning Rinken: „Die Lebensart der Alten ist sehr bescheiden und sparsam. Soviel ist bekannt, daß die meiste Nahrung in Fisch, in Grütze und in grünem Kohl bestand." Und tatsächlich, die Grütze, entweder mit etwas selbstgebrautem Bier vermischt oder, wenn es die Verhältnisse zuließen, mit selbstgemachter Butter verrührt, war das Hauptnahrungsmittel – reihum aus einer großen Schüssel geschöpft oder aus einem Grapen, einem eisernen Grützetopf, streng nach Rangordnung versteht sich, den hölzernen Löffel stets dem nächsten reichend.

Anders als auf den Höfen ging es bei den Handwerkern und Kleinbürgern auf den Gütern und in den Städten, insbesondere in Lübeck, zu. Dort war das Essen abwechslungsreicher, üppiger

Das Barockschloß Wotersen bei Lauenburg ist Sitz der Grafen von Bernstorff. Das Anwesen wurde vor einigen Jahren durch die Dreharbeiten für die Fernsehserie „Das Erbe der Guldenburgs" bekannt. Nicht alle der rund 140 bewohnten und genutzten Herrenhäuser zwischen Flensburg und der Elbe stehen so ausgezeichnet da, doch in einigen erwachte dank der Aufführungen des Schleswig-Holstein-Musik-Festivals neues Leben.

*Wenn der Raps blüht,
leuchten weite Teile
besonders im Osten des
Landes hell auf.
Oft färbt sich der Himmel
dramatisch, und hier
liegen unter den Bäumen
Hügelgräber – ein um-
fassendes Erlebnis für
Herz und Verstand.*

und durch fremde Einflüsse oftmals auch raffinierter. Fleisch,
verschiedene Arten Fisch und
Meeresfrüchte wurden neben
Geflügel und frischem Gemüse
schon fast selbstverständlich. Auf
den Höfen hingegen waren
Speisen mit Fleisch die Ausnahme. Das Ereignis eines Schlacht-
festes blieb wegen der kurzfristig
erlaubten und möglichen Völlerei
lange in Erinnerung. Es wurde
eingesalzen und geräuchert,
getrocknet oder gesäuert, damit
in den langen Wintermonaten
von dem Vorrat gezehrt werden,
etwas Speck die eintönige Speisenfolge bereichern konnte.
Durch diese Vorratswirtschaft
kam dann im 16. Jahrhundert
auch die bis heute im Norden so

beliebte Geschmacksnote „sööt-
suur", süß-sauer, auf. Das Gewürz
Nummer eins des Nordens, der
Zucker, half die Fehler beim Konservieren, die fehlende Frische
im Geschmack zu übertönen. Was
als Notlösung begann, bürgerte
sich fest in die Eßgewohnheiten
ein. Aus der Not eine Tugend zu
machen, zeichnet die Menschen
im Norden auch heute noch
besonders aus.
Aber auch das Grützeessen nahm
ab, obwohl bis in unser Jahrhundert hinein die Ärmeren abfällig
als „Breiesser" oder auch als
„Knokenpuler", Knochennager,
betitelt wurden, während sie
ihrerseits die Reicheren als
„Bratenfreter", Bratenfresser,
bezeichneten.

Deftig blieb die Kost vor allem auf dem Lande, wo der Leitspruch „itt ni, ehr du wat ittst, sunst kannst du nicks eten, wenn du wat ittst" besondere Geltung hatte. Frei ins Hochdeutsche übersetzt: „Iß nicht, ehe Du was (Ordentliches) ißt, denn sonst kannst Du nichts essen, wenn es was gibt." Und es wurde dementsprechend zugelangt: morgens beim ersten Brei, zum zweiten Frühstück entweder auch bei Brei oder Brot mit Wurst, Pökelfleisch oder Fisch. Manchmal, vor allem an Festtagen, stand sogar Käse oder Schinken auf dem Tisch. Mittags gab es häufig Pferdebohnen, oftmals mit Stockfisch. Auf den Inseln und Halligen aß man diese Gerichte sogar zum Frühstück ...

In Dithmarschen hingegen bevorzugte man dicke saure Milch am Morgen, im Sommer mit Bier übergossen. Andere versahen ihre Milchsuppen mit unterschiedlichster Einlage. Und mittags folgten Mehlspeisen, an erster Stelle der im ganzen Land verbreitete „Mehlbüdel", der Mehlbeutel, ein gewaltiger Kloß, aus Mehl und Wasser gerührt und gedämpft, manchmal mit Speck, Fisch oder sogar einem Stück Fleisch versehen. Abends gab es meist Resteessen oder preiswerten Fisch, natürlich Grütze und ab und zu etwas Pökelfleisch. Doch auch geschlemmt wurde, wie der Pastor Petrejus im Jahre 1589 niederschrieb. Er war von der kargen Geest auf die reiche Insel Nordstrand übergesiedelt. „An Speise und Trank ist hier Gottes Segen. Mein Lebtag habe ich nie ein solches Wohlleben gesehen. Frisch gesalzene, gekochte und angebratene Gänse werden mit Fett übergossen und halten sich das ganze Jahr. Speck, geräuchertes Ochsen- und Lammfleisch, Käse, Eier und herrliche Milchspeisen, Zukost und Leckereien, goldgelbe Butter. Selbst das Gesinde lebt wie die Herren – wir haben so viel zu essen, daß die Leute täglich fünf Stunden gebrauchen, um zu speisen."

Sicher war das weder typisch noch alltäglich, wie die beredte Klage eines Reisenden wiedergibt. Dem Mann wurde gesottener Meerstrandwegerich gereicht, eines der ganz wenigen Frischgemüse, die es auf der Insel Sylt im Frühjahr gab. Er klagte: „Sie gaben mir Gras zu essen, wäre ich bis zum Winter geblieben, sie hätten mich bestimmt mit Heu ernährt ..."

Windkraft wurde lange Zeit zum Mahlen und als Antrieb für Wasserpumpen genutzt. Kaum eine der alten Mühlen ist mehr in Betrieb, statt dessen erzeugen moderne, weit größere Windräder entlang der Küste Strom.

Nächste Doppelseite: Wie hier in Ivenfleth an der Störmündung stößt man im gesamten Marschengebiet und auf den Halligen auf Warften: Kleine Hügel wurden vor Jahrhunderten aufgeschüttet, um bei Sturmflut und Deichbruch wenigstens Haus und Hof trocken zu halten. Wenn auch das Land ringsum eine Zeitlang unter Wasser steht, hinterher kann das Vieh wieder auf die Weide.

ENTLANG DER GRÜNEN KÜSTENSTRASSE

Die Deiche werden von Schafen abgeweidet, deren Fleisch dank rauher Seeluft und salziger Gräser besonders schmackhaft wird. Und auch der Gänsefamilie scheint das Grün zu schmecken.

Hinter dem Tor zur Welt, der Hansestadt Hamburg, die gleichzeitig das Tor zum Norden ist, öffnet sich das Land zwischen den Meeren mit den unterschiedlichsten Landschaften. Richtung Nordseeküste liegt unmittelbar an Hamburg angrenzend die Geeststadt Wedel. Da die Böden um die Stadt herum nicht viel hergaben, verlegten sich die Einwohner bereits frühzeitig auf den Handel als Einkommensquelle. Einst trafen die beiden Ochsendriftwege, aus der Gegend von Bramstedt und Itzehoe kommend, dort zusammen. Bald entstand ein Marktplatz, auf dem das Vieh und andere Produkte der umliegenden Regionen zum Weitertransport in die reiche Hansestadt verkauft wurden. Wie in Bremen ziert eine Rolandfigur als Symbol der Marktgerechtigkeit den Platz, der seine frühere wirtschaftliche Bedeutung heute allerdings verloren hat. In dem direkt an der Elbe liegenden und heute zu Wedel gehörenden Städtchen Schulau gibt es einen kleinen Hafen, er wird nur noch von Wassersportlern und einigen wenigen Fischern benutzt. Dafür ist nicht weit davon eine ungewöhnliche Attraktion zu finden: die Schiffs-

begrüßungsanlage vor dem „Schulauer Fährhaus". Alle auf der Elbe dahinziehenden Schiffe, gleich ob sie nach Hamburg ein- oder auslaufen, werden dort durch Flaggenzeichen und per Lautsprecher mit ihrer Nationalhymne und der Hymne der Hansestadt, „Hammonia", begrüßt oder verabschiedet. Der Besucher erfährt nicht nur etwas über den Schiffstyp, sondern auch einiges über das Woher und Wohin. Und die Elbe ist es auch, die die Marschlandschaft hinter Wedel Richtung Nordsee prägt. Auffällig, insbesondere für den Binnenländer, sind die Deiche, die beachtliche Höhen erreichen: durchschnittlich acht, an manchen Stellen sogar zehn bis zwölf Meter. Sie schützen das dahinterliegende, dem Fluß mühsam abgerungene, ertragreiche Land vor Sturmfluten und Hochwasser. In knochenharter Arbeit wurden die Deiche aufgeschüttet, das Material dafür mit Fuhrwerken herangeschafft. Das neugewonnene und flutensichere Land war so fett, daß viele Menschen für die Arbeit mehr als entschädigt, manche gar wohlhabend wurden. Nicht nur Vieh gedieh prächtig auf den üppigen Marschweiden, sondern auch Gemüse und sogar

Obst. Schon früh verschifften die Bauern ihre Erträge über Wedel und Schulau nach Hamburg, wo die Ware immer raschen Absatz fand.

Im Laufe der Jahrhunderte entstanden prächtige Höfe, die beredtes Zeugnis von dem Wohlstand ablegen. Doch auch die kleineren Häuser, meist reetgedeckt, kuscheln sich in behäbiger Ruhe in die Landschaft. Ganz so, als ob sie signalisieren wollten, seht her, hier bin ich und hier bleibe ich. Blitzsaubere Straßen mit schmucken Vorgärten kennzeichnen die Marschdörfer.

Trotz des Reichtums des Bodens entwickelte sich entlang der Elbe schon früh ein Gewerbe, das wir heute als Zulieferer bezeichnen würden. Insbesondere für den reichen Nachbarn, die Hansestadt Hamburg und ihre Handelsflotte, wurden mancherlei Ausrüstungsstücke gefertigt, die die Kassen der Marschbewohner weiter füllten. Einer der typischen Orte dafür ist Hetlingen, die Heimat der Bandreißer.

Dieser Gewerbezweig nutzt die zahlreichen Kopfweiden, die an den Gräben wachsen. Im Winter, wenn die Arbeit auf den Feldern ruht, werden die geraden Weidenäste – auch Stöcke genannt – geschnitten und bis zum Frühjahr trocken eingelagert. Es wird dann ihre Rinde entfernt, der Ast geglättet und das Holz in Wasser

Entlang der Unterelbe und der gesamten Nordseeküste sind – bis auf wenige Kliffs auf den Inseln Sylt und Amrum – die Deiche die höchsten Erhebungen weit und breit. So reichen rund zehn Meter Höhe bereits, um meilenweit ins flache Marschenland zu blicken, häufig über Reetdächer hinweg.

15

Glückstadt sollte einst nach dem Willen eines dänischen Königs im Handel Hamburg den Rang ablaufen. Walfänger liefen von hier aus, Elb- und Nordseefischer hatten hier ihren Heimathafen. Heute ist es ruhig geworden. An die Zeiten reicher Heringsfänge erinnert die jährliche Matjes-Woche.

eingeweicht, bis es biegsam ist. Die dickeren Äste werden halbiert: das eigentliche Bandreißen, das diesem Gewerbe seinen Namen gab. Aus den so vorbereiteten Weidenstreifen werden Bandreifen für Herings- und Butterfässer gemacht, noch heute vor allem in Skandinavien begehrte Artikel. Natürlich wurden auch Körbe und Reusen für den Fischfang und zunehmend Kränze geflochten, eben alles, was der Markt verlangte.

Nicht nur in dem schmucken Dörfchen Hetlingen läßt es sich gut einkehren. In der gesamten Elbmarsch gibt es anheimelnde Gasthöfe, die als eine der wichtigsten Spezialitäten den weithin

berühmten Holsteiner Katenschinken, je nach Saison mit Spargel, jungen Kartoffeln oder deftigem Landbrot, anbieten. Auch Aal wird auf jede nur denkbare Art zubereitet: gekocht, gebraten, in Aspik oder sauren Sud eingelegt oder im Katenrauch goldgelb geräuchert. Besonderer Beliebtheit erfreuen sich die „Aal-satt-Essen". Für einen bestimmten Obolus kann jeder Gast nach freier Wahl soviel essen, wie er mag. Begleitet werden die Schlemmerorgien – fast könnte man sagen, wie kann es anders sein – von Bier und dem „Landwein des Nordens", dem eisgekühlten Korn. Dieser soll unter anderem die Verdauung nach den schweren Speisen anregen. Da der Aal oft einfach mit der Hand gegessen wird, gehört es zum guten Brauch, daß einem der Wirt zum Schluß die fettigen Finger mit einem Gläschen Korn abspült.

Seit alters wissen die Marschbewohner gut zu leben. Die Speisen sind deftig, nahrhaft, aber auch abwechslungsreich und manchmal sogar weltbekannt, wie ein späteres Beispiel zeigen wird. Etwas weiter „die Straße hoch" steht das feudale Schloß Haseldorf, ein typisches Beispiel für die schlichte und dennoch repräsentative Bauweise des dänischen Klassizismus, der nahezu alle Herrenhäuser des Landes prägt. Das Schloß ist nicht nur wegen seines herrlichen Parks berühmt, sondern auch wegen der zahlreichen Literaten, die dort über die Jahrzehnte, ja Jahrhunderte als Gast der Familie der Prinzen zu Schönaich-Carolath zu manchem Werk inspiriert wurden. Zu ihnen gehören unter zahlreichen anderen Friedrich Gottlieb Klopstock, Detlev von Liliencron, Gustav Falke, Richard Dehmel und Rainer Maria Rilke.

Sie alle waren beeindruckt von der Elbmarsch, der Weite des Landes, dem satten Grün der Weiden, dem leuchtenden Gelb der blühenden Rapsfelder, den Deichen, auf denen Schafe grasen, dem Hort der Ruhe am großen Strom.

Auf eine Besonderheit der Landschaft darf ich noch hinweisen, denn sie ist typisch für die gesamte Region der Nordseeküste: die Warften. Es sind kleine hügelige „Inseln" inmitten des flachen Landes. Von Menschen aufgeschüttet, um auf ihnen Häuser, Höfe und Stallungen zu errichten. Als Schutz vor den Fluten waren sie gedacht, denn trotz aller Mühen über Jahrhunderte hinweg hielten die Deiche dem Ansturm des Wassers nicht immer stand. Und wenn ein Deich brach, waren Mensch und Tier auf den höhergelegenen Warften einigermaßen sicher, auch wenn das Land ringsherum bereits überflutet war. Übrigens, die Marschlandschaft hat, zumindest verwaltungstechnisch, eine eigene Hochseeinsel: Helgoland. Der Grünen Küstenstraße folgend, ist Glückstadt schon bald erreicht. Es liegt inmitten der Kremper Marsch, nicht weit von der Elbe, und sollte nach dem Willen ihres Gründers, des Dänenkönigs Christian IV., einmal an Hamburgs Stelle das Tor

Vor der Glückstädter Matjes-Woche bedarf es regelmäßiger Pflege der eingelagerten Salzheringe.

„Störkringel", ein hartes Dauergebäck mit Anisgeschmack, erfreuten sich früher bei den Seeleuten großer Beliebtheit. Heute formen noch zwei Bäckereien in Wewelsfleth die brezelähnliche kleine Spezialität, die auch Kindern gut schmeckt.

zur Welt werden. Stolz erklärte der König bei der Gründung im Jahre 1616: „Geht es glücklich so fort, so wird Glückstadt eine Stadt und Hamburg ein Dorf." Die Stadt entstand auf dem Reißbrett der Baumeister. Von dem zentralen Marktplatz aus streben die Straßen wie die Speichen eines Rades hinaus in das Hinterland. Die einstige Festung, die den zukünftigen materiellen Wohlstand sichern sollte, widerstand im Dreißigjährigen Krieg als einzige im ganzen Land den wiederholten Sturmangriffen des Feldherrn Wallenstein. Schon bald nach dem Westfälischen Frieden konnte deshalb an die alte Zielsetzung des Seehandels angeknüpft werden.

Die Voraussetzungen waren so schlecht nicht, denn Glückstadt hatte einen geräumigen Hafen, lag näher an der Nordsee als Hamburg und hatte das Hinterland mit den Agrarprodukten, mit welchen zu handeln einiges einbrachte, sozusagen vor der Haustür. Hinzu kam, daß von Glückstadt aus Walfangschiffe ausliefen und viel Geld in die Stadt brachten. Die Elb- und Nordseefischer waren dort ebenfalls zu Hause. Insbesondere der Hering mehrte den Reichtum mehr als 100 Jahre

lang. Doch der stolzen Stadt Hamburg weiter oben am Strom konnte Glückstadt letztlich den Rang nicht ablaufen. Geblieben ist die Verbindung zum Meer, zum Fischfang und zum Hering: In jedem Jahr wird in Glückstadt die von Feinschmeckern gern besuchte Matjes-Woche veranstaltet, die an die alte Tradition anknüpft. Während dieser Zeit lebt alles mit und für den delikaten Matjes, das zarte Heringsfilet, das aus der norddeutschen Küche nicht mehr wegzudenken ist. Aus Glückstadt und anderen Marschorten kam übrigens der Schiffszwieback, von den Matrosen früher auch „Beschüten" genannt. Zweifelsohne keine Delikatesse, wenn man den übereinstimmenden alten Berichten glauben will. Das hatte aber nicht immer nur mit dem Gebäck an sich, sondern eher mit den Verhältnissen an Bord zu tun. Weltgeltung bei Seefahrern erlangte jedoch der „Störkringel", benannt nach dem Fluß Stör, der aus Wewelsfleth nur wenige Kilometer von Glückstadt entfernt kommt. Einst war der Kringel ein beliebtes Dauerbrot für die Männer auf den Walfängern und anderen Segelschiffen. Es ist ein knochenhartes, etwa handteller-

großes Anisgebäck. Im 18. und 19. Jahrhundert, während der Blütezeit des Walfangs, wurden die Kringel tonnenweise hergestellt und in alle nordischen Länder exportiert. Störkringel aus Wewelsfleth waren ein Markenzeichen mit Qualitätsanspruch, denn das Gebäck mußte einerseits monatelanges Tropenklima, andererseits die Eiseskälte beim grönländischen Walfang überdauern.

Wie reich, wohlhabend und ertragreich das Marschengebiet schon immer war, zeigt sich auch an der einzigen über die Grenzen Schleswig-Holsteins hinaus bekannten Käsesorte: Der Wilstermarsch-Käse, benannt nach dem Städtchen Wilster, gewonnen aus der fettreichen Milch der Marschkühe, reift hier heran.

Der Störbogen ist die wohl reichste und fetteste Marschregion des ganzen Landes, durchzogen von zahlreichen Entwässerungsgräben. Nur durch Schöpfwerke, heute elektrisch betrieben, kann das Wasser abgeleitet werden, denn dieser Teil der Marsch liegt bis über drei Meter unter dem Meeresspiegel.

Von Hamburg, dem symbolischen, und Glückstadt, dem gewünschten Tor zur Welt, war bereits die Rede. Richtige Tore, und zwar gewaltige, die aller Welt dienen, sind in Brunsbüttel zu finden. Dort sind die Schleu-

Das große Schiff liegt weder im Trockendock, noch ist es auf Grund gelaufen. Die Streckenführung des Nord-Ostsee-Kanals und das Teleobjektiv des Fotografen sind für die verblüffende Wirkung verantwortlich.

Frisch, groß, preiswert und vielseitig verwendbar: Kohl wird in Dithmarschen gern ab Hof vermarktet.

sen, durch die alle Schiffe hindurch müssen, wenn sie den Nord-Ostsee-Kanal befahren oder verlassen wollen. Der zu Kaiser Wilhelms Zeiten 1887 bis 1895 erbaute und bis zum Zweiten Weltkrieg nach ihm benannte Wasserweg sollte vornehmlich der damaligen Kriegsmarine die Verbindung von der Ost- zur Nordsee schaffen, ohne daß durch fremde Gewässer, nämlich rund um Dänemark, gefahren werden mußte. Schon bald nach der Einweihung stellte sich aber der bedeutende wirtschaftliche Nutzen dieser kurzen Strecke heraus.

Neben kleinen „Pötten" befahren sehr beachtliche Frachter den Kanal, der natürlich genauso von Wassersportlern genutzt wird. Von Brunsbüttel zieht die künstliche Wasserstraße zunächst nach Nordosten. Im Raum Rendsburg beschreibt sie einen großen Bogen, um dann in Kiel-Holtenau in die Ostsee zu münden. Wenn größere Schiffe in die Schleusenanlage einlaufen, liegen manchmal zwischen der Bord- und der Schleusenwand nur wenige Zentimeter, Maßarbeit ist angesagt. Entlang der Schleusen erstreckt sich eine Grünanlage, von der aus sich das bunte Treiben verfol-

gen läßt. Doch auch einkehren, sich stärken kann man gut in Brunsbüttel. Zahlreiche Fischgerichte, fangfrisch versteht sich, sind ebenso auf den Speisekarten zu finden wie Fleischgerichte, darunter manch eine Spezialität der Dithmarscher Landschaft. Sich etwas umzusehen, ist in jedem Fall lohnend.

Großzügig über den breiten Daumen gepeilt, liegt Brunsbüttel am südlichsten Punkt des Landkreises Dithmarschen, dem Land der früheren Bauernrepublik. Dickschädelig und stur sollen die Bauern hier sein, sagt man. Reich waren sie mit Sicherheit, wie die zahlreichen prachtvollen Höfe in allen Teilen des Landkreises beweisen. Manche erinnern in ihrer üppigen Architektur schon mehr an Adelssitze als an bäuerliche Anwesen. Allenthalben kann man dralles, buntgescecktes Vieh auf sattgrünen Weiden sehen. Mastochsen und Milchkühe sorgten früher, sorgen heute für üppiges Leben. Und dann ist da noch der Kohl ...

Dithmarschen ist Kohl-Land. Riesige, manchmal endlos erscheinende Felder liegen in allen Teilen des Kreises. Auf ihnen gedeihen Rot-, Weiß- und Wirsingkohl in besonderer Güte. Es

kann also nicht verwundern, wenn zahlreiche Sauerkrautfabriken und Kohl-Großhändler in nahezu allen Städten und Orten zu finden sind. Jede Fabrik hat ihr eigenes überliefertes Rezept, nach dem der Kohl zubereitet und zur – angeblichen – deutschen Nationalspeise gegoren wird. Erntefrisch vom Feld, mit einem kleinen Umweg über eine Fabrik direkt in die Dose, tritt Dithmarschens Kohl seinen Weg quer durch deutsche Lande an. Entlang den vielbefahrenen Straßen sieht man häufig Hinweisschilder an Bauernhöfen, die erntefrischen Kohl und manchmal auch andere Produkte versprechen. Der Kohlkopf, „Stück 'ne Mark", wird neben anderen Gemüsesorten, Kartoffeln und vereinzelt auch Schafskäse oder selbstgemachter Butter den Vorbeieilenden zum Verkauf angeboten. Sogar das Handeln ist erlaubt.

Was wäre aber die Landschaft ohne ihre Städte?! Es würde zu weit führen, all die vielen Besonderheiten aufzuzeigen, deshalb seien nur einige der Städtenamen genannt, die als Ziel in Frage kommen: Marne, St. Michaelisdonn, Meldorf mit seinem Dom, die Kreisstadt Heide mit einem riesigen Marktplatz, Wesselburen mit der gewaltigen Kirche inmitten der Stadt und natürlich die beiden Bäder Friedrichskoog und Büsum. Friedrichskoog hat sich

Mit geübter Hand wird den äußeren Blättern des Kohls zu Leibe gerückt – erster Schritt für die Weiterverarbeitung der bedeutenden Dithmarscher Anbauspezialität.

21

Einer von rund 1800 Helgo-
ländern, immerhin 70 Kilo-
meter vom schleswig-
holsteinischen Festland
entfernt ansässig. Und bis
zur Kreisstadt Pinneberg
nahe Hamburg ist es für
die Bürger Helgolands ein
noch weiterer Weg.

trotz aller Anpassung an den modernen Tourismus noch viel von seiner Ursprünglichkeit als Fischerdorf erhalten; es gibt dort einen Hafen mit zahlreichen Kuttern. Büsum hingegen ist als bekanntes Nordseebad fast völlig auf die zahlreichen Gäste ausgerichtet. Außer dem Büsumer Hafen soll als Attraktion nur noch die einstige Fischerbörse erwähnt werden, bekannt geworden durch den Muschelsaal, der 1907 geschaffen wurde: eine sehenswerte Mischung aus Kitsch und Seemannsambiente und als Restaurant und Tanzlokal seit Jahrzehnten verballhornt als „Molles Kuschelsaal", anstatt Kolles Muschelsaal.

Auch kulinarisch hat Büsum für den Liebhaber einiges zu bieten: so die zahlreichen Krabbengerichte, allen voran der „Büsumer Krabbencocktail", und natürlich die delikaten Seezungen, eine Plattfischart, die im Hafen angelandet und fangfrisch angeboten wird. Natürlich gibt es noch viele andere Meeresspezialitäten, ebenso Regionalgerichte wie gefüllten Dithmarscher Kohl und manches mehr.

Beenden wir die Fahrt mit einigen Abstechern von der Grünen Küstenstraße: In der kleinen Stadt Lunden windet sich ein sogenannter „Geschlechterfriedhof" rund um die Kirche inmitten der Stadt. Dort fanden zahlreiche Angehörige der reichen Bauernsippen ihre letzte Ruhestatt. Etwas weiter Richtung Meer treffen wir auf das Eidersperrwerk, das größte Wasserbauwerk Europas. Nicht nur eine Schleuse für die Fischer und Tonnenleger des Tönninger Hafens ist zu besichtigen, man kann direkt durch die gewaltige Anlage fahren. Doch zuvor lohnt sich ein näherer Blick auf die gewaltigen Sperrwerksanlagen: Sie verhindern die Überflutung des Hinterlandes bei Hochwasser. Die Baumaßnahme, die Mitte der siebziger Jahre abgeschlossen wurde, ließ auch neues Land entstehen, das Katinger Watt. Es ist einerseits als Vogelschutzgebiet für die zahlreichen See- und Wattvögel ausgewiesen, andererseits ein Erholungsgebiet. Auf der anderen Seite des Eidersperrwerkes liegt die Halbinsel Eiderstedt, die wir als Tor zu den Inseln und Halligen Nordfrieslands betrachten wollen.

Daß sich mitten in der Deutschen Bucht ein erdmittelalterlicher Sandstein-Felsklotz Wind und Wetter entgegenstemmt, ist den Bewegungen mächtiger Salzlager im Untergrund zu verdanken. Künstliche Wellenbrecher schützen Helgolands berühmte Kliffküste vor weiterem Zerfall. In dem kleinen Naturschutzgebiet Lummenfelsen brüten dicht bei dicht unter anderem Silbermöwen, Dreizehenmöwen, Eissturmvögel und etliche Paare Trottellummen.

DIE WELT DER INSELN UND HALLIGEN

Eine der zahlreichen individuellen Haustüren in Friedrichstadt, der von niederländischen Emigranten zu Beginn des 30jährigen Kriegs nach heimatlichem Vorbild angelegten Stadt.

Vorhergehende Doppelseite: Etwas aus der Distanz, einschließlich dem idyllischen Umfeld betrachtet, verbirgt der Rote Haubarg von Witzwort auf der Halbinsel Eiderstedt fast seine wahre Größe. Unter seinem 23 Meter hohen, reetgedeckten Dach fanden Heu, Ernte, Vieh und natürlich die gesamte Bauersfamilie Platz. Heute dient das ehrwürdige Gebäude als Gaststätte und Museum.

Man könnte meinen, daß die gemeinsame Küstenlinie, die weitgehend ähnliche Landschaft, flach wie ein Pfannkuchen, zwischen Dithmarschern und Eiderstedtern gemeinsame Interessen zutage gefördert hätte. Dem ist nicht so. Kulturell und sogar sprachlich – die beiden Varianten des Plattdeutschen unterscheiden sich doch erheblich – lagen zumindest in der Vergangenheit wahre Welten zwischen den freien Bauern auf der einen Seite und den Eiderstedtern respektive Königsfriesen jenseits des Eiderstroms.

Mehr noch, über Jahrhunderte hinweg bekriegten sie sich in zahlreichen Scharmützeln, stets darauf besonnen, dem anderen eins auszuwischen. Kamen die Dithmarscher im Winter über das Eis der gefrorenen Eider, raubten sie alles, was für sie von Wert war, auch Kirchen wurden nicht verschont. Besonders erbost waren die so Befehdeten über den immer wieder stattfindenden Raub ihrer „Jungfrauen", wie Chroniken berichten. Es liegt auf der Hand, daß sich die Eiderstedter auf gleiche Art revanchierten. Folgerichtig herrscht, zumindest unter den Alteingesessenen, noch immer eine gewisse Zurückhal-

tung gegenüber den Bewohnern der jeweiligen Nachbarregion. Die Halbinsel Eiderstedt entstand durch viele Eindeichungs- und Landgewinnungsmaßnahmen im Laufe der Jahrhunderte aus den beiden früheren Hauptinseln Utholm und Everschop. Durch die ehemalige Insellage ergab sich auch, daß fast jeder auch nur etwas größere Ort der Landschaft eine eigene Kirche besitzt, wuchtig und trutzig aus Backsteinen erbaut. Nicht alle werden noch regelmäßig benutzt.

Übrigens, ohne jemals dort gewesen zu sein, kennt fast jeder zumindest ein typisches Wahrzeichen der Landschaft, den Leuchtturm Westerheversand. Bis vor einigen Jahren war der Turm, dessen Lichtsignale die Schiffahrt vor den Untiefen der Küste warnen, noch bemannt. Die Leuchtturmwärter wohnten in den beiden den Turm flankierenden Häusern. Heute werden die Lichtzeichen direkt vom Wasser- und Schiffahrtsamt in Tönning aus gesteuert. Da wir gerade bei Tönning sind… nach der Überquerung des Eiderdammes, der sich an das Sperrwerk anschließt, liegt die Hafenstadt Tönning etwas rechts ab von der Hauptstraße. Einst gab es

dort sogar ein Schloß, sicheres Zeichen für vergangene, mindestens lokale Macht. Und dann ist da noch der Hafen, der eine kleine Fischereiflotte beherbergt. Überwiegend werden Krabben gefischt, auch Granat oder Porren genannt. Bis vor gut 100 Jahren war der Hafen sehr wichtig. Von dort aus wurden die Eiderstedter Mastochsen bis nach England verschifft. Davor noch, zu Zeiten der napoleonischen Kontinentalsperre machte die Stadt durch ausgiebigen Schmuggel von sich reden. Die wirtschaftliche Bedeutung ist dahin, doch zeugen die alte Kirche und stattliche Bürgerhäuser von dem früheren Wohlstand. Heute ist man bemüht,

sich Scheiben vom „Kuchen Tourismus" abzuschneiden.
Sie sollten unbedingt auch einen Abstecher in das nahegelegene Holländerstädtchen Friedrichstadt machen. Weil von zahlreichen Kanälen durchzogen, wird es „Klein-Venedig des Nordens" genannt. Von der Glaubensgemeinschaft der Remonstranten – auch Arminianer genannt – gegründet, ist es mit seinem romantischen Marktplatz mit Pumpenhäuschen, den rosenumrankten Hauseingängen und handwerklich sehr schön gearbeiteten Haustüren mehr als nur eine Stippvisite wert.
Jede der zahlreichen kleinen Ortschaften der Halbinsel Eiderstedt

Amrum wurde 1890 Seebad, verglichen mit anderen Inseln oder Küstenorten an Nord- und Ostsee recht spät. Doch wer fragt heute danach, angesichts des endlos erscheinenden Strandes Kniepsand und des blankgeputzten Himmels mit schnell ziehenden Wolken?

Der tolerante Herzog Friedrich III. von Holstein-Gottorf holte im Jahre 1621 religiös verfolgte Remonstranten aus den Niederlanden – die meisten waren Handwerker und Kaufleute – an die Mündung der Treene in die Eider. Friedrichstadt, planvoll mit Grachten und Brücken, geraden Straßen und Treppengiebeln erbaut, sollte nach den Vorstellungen des Fürsten ein bedeutender Handelsplatz werden. Daß es weder Hamburg noch Amsterdam den Rang ablaufen konnte, gereicht dem Städtchen, das nur 3000 Einwohner, aber immer noch fünf Glaubensgemeinschaften hat, eher zum Vorteil. Denn an Touristen, Cafés und Restaurants mangelt es hier nicht.

hat eine interessante Besonderheit. Sauber und schmuck mit den vielen reetgedeckten Häusern und Katen wirken sie allemal. Besonders beeindruckend sind die „Haubarge", gewaltige bäuerliche Anwesen, von einem riesigen Dach gekrönt. Die Dachkonstruktion ruht auf Ständern. Diese hölzernen Ungetüme wurden bei der Erbauung von weit her herangekarrt. Je nach Größe des Gebäudes wird zwischen vier, sechs und sogar acht Ständern unterschieden. Unter dem Dach wohnen Mensch und Tier eng beieinander. Das Heu für das Vieh wurde unter dem Dach geborgen, daher auch der Name dieser einmaligen Konstruktion, Haubarg gleich „Heu bergen". Zwei kleine und unbedeutende Fischerdörfer, nämlich die Orte St. Peter und Ording, gelangten eine Zeitlang nur durch Strandraub zu zweifelhaftem Ruhm: In früheren Jahrhunderten entzündeten die Bewohner Feuer auf den Sandbänken vor der Küste, um den vorbeifahrenden Schiffen dadurch falsche Steuerungssignale zu geben. Diese strandeten, und die Einheimischen plünderten Schiff und Mensch aus, ein stets willkommenes Zubrot im sonst kargen Leben. Begünstigt durch

Oben: Aus dem Blickwinkel der Gastronomie und des Tourismus muß die Qualität der Nordseekrabben einfach stimmen. Dieser Herr im Husumer Hafen prüft das.

Rechte Seite oben: Dem Krabbenfischer bei Uelvesbüll dient sein Rad – ohne Kette – nur zum leichteren Transport seines Handwerkszeugs.

die vorgelagerten Sandbänke, entwickelte sich im Laufe der letzten Jahrzehnte der bekannte Badeort St. Peter-Ording, und die Kurverwaltung verzeichnet Jahr für Jahr Hunderttausende Urlauber.

Der einstige ländliche Charme ist dahin, wenn auch versucht wird, durch Neubauten, den vergangenen Baustilen angepaßt, an alte Traditionen anzuknüpfen.

In dem Kurort lebt alles mit dem und rund um den Fremdenverkehr. Blieben die Gäste aus, wäre das wirtschaftliche Ende schnell in Sicht. Auch gastronomisch ist alles auf den Gast eingerichtet. Fisch- und Fleischgerichte, meist mit Phantasienamen, die Bodenständigkeit leider nur vorgaukeln, beherrschen das Angebot. Nicht ganz ohne Häme beklagen viele Besucher des einmalig schönen Sandstrandes, daß die heutigen Einwohner ihrer alten Räubertradition treu geblieben seien.

Indes: Besonders lecker sind Bratkartoffeln mit hausgemachtem Sauerfleisch im „Böhler Krug", direkt an der Strandüberfahrt im Ortsteil Böhl. Ein Gericht, das im ganzen Land Tradition hat und einfach, schmackhaft und unprätentiös ist.

Machen wir einen großen Sprung von dem berühmten Seebad zu einer nicht minder berühmten Stadt, durch Theodor Storm weltweit bekannt geworden: Husum, die graue Stadt am Meer, die so grau gar nicht ist. Eingebettet in die ertragreichen Landschaften Eiderstedt, Südermarsch und Südergoshande war sie früher und ist sie jetzt als Kreisstadt nicht nur das Tor zur Insel- und Halligwelt, sondern auch wirtschaftlicher Mittelpunkt des Kreises Nordfriesland. Vom Hafen, in dem eine Fischereiflotte mit zahlreichen Kuttern liegt, geht es per Schiff zum einen bis nach Helgoland, genauso aber zu den Halligen und Nordfriesischen Inseln. Insbesondere im Hafengebiet liegen viele pittoreske kleine Restaurants und ursprüngliche Kneipen, in denen dem leiblichen Wohl aufs angenehmste Rechnung getragen wird. Frischer Fisch oder Fleischgerichte von den kernigen Mastochsen der Landschaft sorgen für ungetrübte kulinarische Freuden. Natürlich finden Sie zahlreiche Krabbengerichte, darunter auch den „Husumer Krabbencocktail", der etwas anders als der Büsumer gemacht und gewürzt wird.

Seit Jahrzehnten versuchen findige Tüftler, eine Maschine zu entwickeln, mit der die Krabben aus-

*Links und nächste Doppel-
seite: Der Gemeine See-
hund, eine kleine Robben-
art, ist ein typischer Watt-
bewohner. Die Jagd nach
seinem Fell und Massen-
sterben setzten seinem
Bestand zu. Schutz vor
Nachstellungen genießt er
aber im Nationalpark
Schleswig-Holsteinisches
Wattenmeer. Und das ist
gut so, denn Seehunde
sind sehr empfindlich
gegen Störungen. Den-
noch können sie manch-
mal – vielleicht von
Amrum aus, siehe umsei-
tig – und am besten unter
kundiger Führung beob-
achtet werden.*

Nordfriesische Künstler von Weltruhm: Der Maler und Graphiker Emil Nolde holte sich unzählige Anregungen für seinen expressionistischen Stil mit leuchtenden Farben vor allem im Garten seines Hauses in Seebüll (oben), das heute Museum ist. Theodor Storm, Jurist und Anwalt, entwickelte als Lyriker und Erzähler des poetischen Realismus die Novelle zur Meisterschaft. Außer auf seine Büste stößt man in und um Husum auf viele Spuren seines Schaffens.

gepult werden können, die an Bord der Kutter fangfrisch in Meerwasser gekocht werden. Bisher arbeiteten alle jedoch mehr oder weniger mangelhaft. Und so müssen, wie seit Jahrhunderten, viele fleißige Hände das köstliche Fleisch aus der Schale pulen. Richtig geübt, geht es erstaunlich schnell … Nahezu alle Fremdenverkehrsorte der Küste bieten übrigens Krabbenpul-Kurse an, in denen man seine Fingerfertigkeit üben kann.

Zu den leiblichen Genüssen an der gesamten Nordseeküste, insbesondere in Nordfriesland, gehören Gerichte mit Lammfleisch. Tausende Schafe grasen auf den kilometerlangen Deichen, die das Hinterland vor Überflutung schützen. Ihr Fleisch ist naturbelassen, zart, mager und gehört mit zum Besten, was die Viehzucht hervorbringt.

Nördlich von Husum liegt die Zufahrt zur Halbinsel Nordstrand, die über einen künstlichen Damm zu erreichen ist. Sie liegt bereits inmitten des Nationalparks Schleswig-Holsteinisches Wattenmeer und gehört wie auch die Insel Pellworm seit alters zu den reichen und fruchtbaren Gebieten der Küste. Die Landwirtschaft konnte dem fetten Boden Höchsterträge abgewinnen, der Fischfang trug ein übriges zum Reichtum bei. Heute spielt zudem auf allen Inseln der Fremdenverkehr eine gewichtige Rolle. Allerdings herrscht hier auf Nordstrand und Pellworm noch der sogenannte sanfte Tourismus vor. Bettenburgen wie in St. Peter-Ording, Büsum oder auf Sylt sind die Ausnahme.

Vom Hafen Strucklahnungshörn an der Westküste von Nordstrand verkehren Fährschiffe zu den Inseln und Halligen, die nur per Schiff erreichbar sind. Nordstrandischmoor mit nur zwei bewohnten Warften, Hallig Hooge mit der Kirchwarft, die unbewohnten Inseln Japsand, Norderoogsand und Süderoogsand sowie das Vogelschutzgebiet Süderoog, so flach, daß sie meist zumindest teilweise von den Fluten der Nordsee bedeckt sind, beeindrucken durch ihre schlichte Weite.

Das Leben auf den Halligen ist nicht einfach. Manches Jahr wird mehrmals „Land unter" gemeldet. Das heißt, daß die Fluten die Insel oder Hallig vollständig bedecken, nur die auf hohen Warften gebauten Häuser ragen noch aus dem Meer hervor. Und dennoch, kaum einer der Bewoh-

Meeresstrand

An's Haf nun fliegt die Möwe,
Und Dämm'rung bricht herein;
Über die feuchten Watten
Spiegelt der Abendschein.

Graues Geflügel huschet
Neben dem Wasser her;
Wie Träume liegen die Inseln
Im Nebel auf dem Meer.

Ich höre des gärenden Schlammes
Geheimnisvollen Ton,
Einsames Vogelrufen –
So war es immer schon.

Noch einmal schauert leise
Und schweiget dann der Wind;
Vernehmlich werden die Stimmen,
Die über der Tiefe sind.

Theodor Storm

*Der Rohstoff für Reet-
dächer wächst im Feucht-
gebiet, im Moor, am Rand
des Wattenmeers: Nur
bestimmte Arten Riedgras
eignen sich zum Decken
der traditionellen nord-
deutschen und nieder-
ländischen Häuser.*

ner möchte seine im wahrsten Sinne des Wortes „Insel der Ruhe" gegen einen Wohnsitz auf dem Festland eintauschen. Zumal mittlerweile auch die Stromversorgung durch Unterwasserkabel ebenso gesichert ist wie die Telefonverbindung. Trotz der zahlreichen Überflutungen ist das Land ergiebig, auf den Weideböden wird sogar Vieh vom Festland über Sommer „auf Gewicht" gemästet. Der Auftrieb erfolgt über die Fähren, die das Vieh bringen und abholen. Post und Lebensmittel kommen und gehen auf demselben Weg, sofern das Meer den Transport zuläßt. Wenn nicht, sind die Menschen quasi von der Außenwelt abgeschnitten. Nördlich der Süderaue, einer Meeresvertiefung im Wattenmeer, liegen die Inseln Nordmarsch-Langeneß, die kleine Hallig Gröde-Appelland mit der kleinsten Schule Deutschlands, denn dort werden nur die Kinder der rund ein Dutzend Bewohner unterrichtet, sowie die großen und bekannten Inseln Amrum, Föhr und natürlich Sylt. Sie alle sind vom Meer geprägt. Ob Fischfang oder Waljagd – die Föhrer waren als Walfänger bekannt –, die Menschen lernten, mit der Willkür der Natur im Einklang zu

leben. Sie bewahrten ihre Sprache, ihre Sitten und Gebräuche bis heute. Sehr zur Freude der Touristen, die hier auch für einige Wochen ein Zuhause finden. Über Sylt, einst das Armenhaus der Inselwelt, ist so viel geschrieben worden, daß sich eigentlich jedes weitere Wort erübrigt. Ist die Insel doch nicht nur durch den Touristenort Westerland und die FKK-Badestrände, das Leben und Treiben der Schickeria, die Prachthäuser der Wohlhabenden im Friesenstil zum Inbegriff des deutschen „dolce vita" geworden. Allerdings zu Unrecht, denn die Insel hat natürliche, wenn auch karge Schönheit, die keinen Vergleich zu scheuen braucht. Wäre da nur nicht der Rummel, der durch die in Zügen über den Hindenburgdamm herantransportierten, nicht selten motorisierten Massen verursacht wird.
Auf der Festlandseite des Wattenmeeres liegen die Speckseiten Nordfrieslands: Die Regionen Nordergosharde, Karrharde, Bökingharde und Wiedingharde gehören seit den Eindeichungsmaßnahmen zu den wirklich reichen Pfründen früherer Landesherren. In dieser von zahlreichen Entwässerungsgräben und Kanälen durchzogenen Landschaft hat der

Aal einen besonderen Stellen-
wert. Wie in den Elbmarschen
zählen die Aal-Essen zu den
Höhepunkten des kulinarischen
Jahresablaufes. – Nicht weniger
bedeutend sind die Gerichte mit
Wildenten und -gänsen, die entlang der ganzen Küste gejagt
werden, von den vielen Zubereitungsvarianten gezüchteter Arten
ganz zu schweigen.
Zum Muschelessen, hier ebenfalls eine lukullische Tradition,
sei noch angefügt: Bereits im
Jahre 1020 soll König Knud der
Große Austern von England an
die schleswig-holsteinische Westküste verpflanzt haben. Dort
gediehen diese als „Herrenessen"
gepriesenen Schalentiere lange

Zeit prächtig. Heute sind es die
Miesmuscheln, auch Pfahl-
muscheln, die zur Auster des
kleinen Mannes wurden. Sie
werden in zahlreichen Kulturen
im Wattenmeer gehegt und ab
Herbst geerntet. In einem Wein-
oder Kräutersud gekocht, aus der
Schale mit frischem Brot gegessen, sind sie eine Köstlichkeit,
die nach Meer – oder darf ich
sagen: mehr – schmeckt.
Der ganze Landstrich, ob Inseln
oder Festland, ist von herber
Schönheit. Nicht lieblich und den
Augen schmeichelnd wie andere
Landschaften, entfalten diese
Regionen ihren vollen Reiz erst,
wenn das Auge ruhig und wirklich sehend geworden ist.

*Da sich Reet auch auf
jedem – mindestens
innen – moderneren Haus
gut macht, schreibt die
Gemeinde Keitum auf
Sylt diese Art der Dach-
deckung vor.*

SCHLESWIG UND DER GEESTRÜCKEN

Schloß Gottorf wurde als Burg Gottorp im 12. Jahrhundert von den Bischöfen von Schleswig errichtet. Mehrmaliger Besitzerwechsel, Brände und umfangreiche Um- und Anbauten in der Gotik, der Renaissance und im Barock machten den langjährigen Sitz der Landesherren von Schleswig-Holstein-Gottorf zu dem, was es heute ist: das größte Schloß des Landes, Schleswig-Holsteinisches Landesmuseum und Archäologisches Landesmuseum.

Verglichen mit den ertragreichen Marschgebieten an der Nordseeküste und den fruchtbaren Hügeln entlang der Ostsee ist die Geest karg. Schleswig gilt als ihr Mittelpunkt, und die Landschaft zeigt sich gänzlich anders geartet als in den anderen Landesteilen. Auffällig sind beispielsweise die vielen sogenannten Knicks in der Landschaft. Das sind heckenartige Baum- und Buschreihen, die Felder und Weiden trennen. Ihr Name rührt daher, daß die meisten Büsche alle sieben bis acht Jahre „geknickt", also gestutzt wurden. Viele meinen, daß sie als Windschutz angelegt wurden, das trifft aber nur teilweise zu. Vielmehr sollten sie vor rund 200 Jahren lediglich eine sichtbare Trennung der jeweiligen Besitztümer gewährleisten. Nachdem in der Nachkriegszeit Zehntausende Kilometer Knicks verheizt oder der Flurbereinigung geopfert wurden, werden sie heute wieder als Kleinbiotope gehegt. Denn in den Knicks finden ungewöhnlich viele Tierarten Schutz in der ansonsten offenen Landschaft. Und nach wie vor ist die zusätzliche Funktion, die Ackerböden vor dem Verblasen zu bewahren, nicht hoch genug einzuschätzen.

Obwohl die Ernteerträge in den Geestgebieten schlechter waren, prägte die Hofhaltung auf zahlreichen Herrensitzen und Gütern das Leben ebenso wie der Sitz der Landesherren, Schloß Gottorf, das heute ein Museum beherbergt. Was die Schafzucht und Rindermast an der Nordseeküste, war die Schweinemast auf dem Geestrücken. So wurden zum Beispiel in den dem Gottorfer Schloß gehörenden Forsten noch im 17. Jahrhundert rund 30 000 Schweine mit Eicheln und Bucheckern gemästet. Und den Speck des Borstenviehs – von den Schinken und Würsten soll nicht erst geschwärmt werden – ließen sich die Landes- und Standesherren neben vielen ins Land gebrachten Spezialitäten munden, als die Bauern noch in ihren Grützetöpfen stocherten.

Bereits im 16. Jahrhundert, so ist belegt, ließ sich Herzog Christian zu Gottorf von Hamburger Händlern Pfirsiche und Weinbeeren für seine Tafel liefern. Apfelsinen, damals China-Äpfel genannt, kamen ins Land, von Holländern aus ihren Kolonien im Fernen Osten mitgebracht. Reis, exotische Gewürze, Tee und Kaffee und auch Kartoffeln trugen zu den Tafelfreuden bei.

Überhaupt das Tafeln – nach heutigen Maßstäben wäre es wohl nur ein bedingter Genuß gewesen. Nicht nur, daß Fleisch und Fisch teilweise bereits etwas „angegangen" waren, was mit Gewürzen übertönt wurde, auch die Sitten bei Tisch ließen zu wünschen übrig. Nicht anders ist es zu verstehen, wenn Herzog Johann Adolf von Gottorf bereits 1687 eine Tischordnung für sein Gefolge herausgeben mußte. Darin war unter Strafe verboten, „mit ungewaschenem Angesicht oder Händen zu Tisch" zu kommen, ferner „unflätig und säuisch" zu essen „und sich sonsten ungebärdig mit Schlagen und Stoßen" zu benehmen. Strafe

wurde auch demjenigen angedroht, der „unter oder während der Mahlzeit einen anderen schlägt, oder so jemand ein Messer auf einen zücket, gar ausziehet, ihn damit dräuet, verletzet oder gefährlich verwundet ..."
Zur Ehrenrettung aller Schleswig-Holsteiner muß angemerkt werden, daß die Einführung von Benimm-Regeln überall vonnöten und nicht etwa eine Besonderheit der Menschen dort war. Rund 150 Jahre zuvor hatte Erasmus von Rotterdam seine Anstandsregeln publiziert: „Halte den Platz vor dir sauber und wirf keine Abfälle unter den Tisch. Schneuz dich nicht zu laut, und wenn du schneuzen mußt, dann

Die Schlei reicht als flußähnlicher Meeresarm von Maasholm an der Ostsee bis Schleswig. Die Wikinger nutzten schon vor tausend Jahren diese „Wespentaille", um dann ihre kiellosen Schiffe von Pferden über Land ziehen zu lassen, hinüber zu den Flüssen Treene und Eider und damit auch zur Nordsee. Heute nutzen Fischer, Segler, Surfer und Badende die Wasser der Schlei, und an ihren Ufern wird es Wanderern und Radlern nie langweilig.

Im Verlauf ihrer Geschichte und ihres vielfach gewundenen Laufs quer durch das Land hat die Eider viel erlebt: Dieser Abschnitt des alten Eiderkanals bei Sehestedt befindet sich nahe Rendsburg, wo das Ostholsteinische Hügelland und die Geest aneinandergrenzen.

tue es nicht mit der Hand, die das Fleisch anfaßt. Bei Tisch kratzt man sich nicht und spuckt nicht über den Tisch. Es ist wenig schicklich, sich die Finger abzulecken. Säubere deine Zähne nicht mit der Messerspitze. Wirf die Knochen in einen hierfür bestimmten Korb oder eine Schale, oder aber nahe an deine Füße und ohne jemanden zu verletzen …" Diese Auszüge mögen genügen.

Voraussetzung für Tischsitten war die Einführung höfischer Ordnung und Sitte und natürlich von Eßgeräten, sprich Besteck. Soweit sich nachvollziehen läßt, benutzte man die Gabel erst von etwa

1630 an am Hof zu Gottorf. Zunächst nur zum Festhalten des Fleisches beim Aufschneiden gedacht, bekam sie schon bald die heutige Bedeutung. Bis dahin hatte man, wie allgemein üblich, mit Löffeln und Fingern gegessen. Die Löffel allerdings mußten dem Herrschaftsanspruch gemäß bereits künstlerisch ausgeführt und aus Edelmetall sein. Erst im 18. Jahrhundert wurde die mehrzackige Gabel zum Allgemeingut. Trotzdem bevorzugte manch ein Landmann nach wie vor den Löffel und ein scharfes Messer, mit dem die Fleischbrocken, so es überhaupt welche gab, zum Munde geführt wurden.

Nach diesem kurzen Exkurs über die Sitten und Gebräuche am herzoglichen Hof an der Schlei muß vor allem zunächst der Schleswiger Dom vorgestellt werden. Die Domkirche soll im 10. Jahrhundert mit zwei Türmen erbaut worden sein, die aber bereits 1275 einstürzten. Knapp 200 Jahre später, 1448, brannte dann die eigentliche Kirche vollständig nieder und wurde in den darauffolgenden Jahren in etwa der heutigen Form mit einem Turm neu errichtet. Als Hofkirche wurde sie besonders prachtvoll ausgestattet, Beispiele dafür sind der spätgotische, geschnitzte Altar, die Orgel und einige Gemälde.

Die zahlreichen kleinen Gemeinden rund um Schleswig sind überwiegend bäuerlich geprägt. Blitzsauber, fein herausgeputzt sind sie, aber ohne größere Anziehungspunkte. Manch Altes ist überliefert, allenthalben sieht man ältere Häuser und Höfe, die jedoch nie die Statur der Anwesen in den reicheren Landesteilen erreichen. Hin und wieder eine Mühle oder der Rest davon und manchmal ein Adelssitz, unter schützenden alten Bäumen versteckt. Und dann sind da noch die Kirchen als Ausdruck religiöser Kunst: Kleinode architektonisch und in der Ausstattung, die zwar nie die Pracht der süddeutschen Volkskirchen erreichen, aber in ihrer Schlichtheit und farbigen Liebe zum Detail der Ausschmückung auch eher zu der Landschaft, dem Land passen. Hin und wieder findet man entlang der Straßen, insbesondere in Richtung Ostsee, noch alte Bauernhäuser, die Räucherkaten beherbergen. Dort ist nicht nur der Holsteinische Katenrauchschinken zu erstehen. Auch Speck und Würste, deftig gewürzt und mild geräuchert, lassen einen spontanen Imbiß zu einem Festmahl werden. Und an der Schlei, die wie ein breiter, mehrfach angestauter Fluß wirkt, aber ein schmaler, rund 40 Kilometer weit ins Land reichender Ostseearm ist, gibt es Räucherfisch, meist frisch aus dem Rauch. Daß die Schlei auch ein bevorzugtes Wassersportrevier ist, daß an Sommertagen wahre Myriaden von bunten Segeln über die Wasserfläche verteilt dahinzuschweben scheinen, belebt das Bild und stört weder die Fischreiher bei ihren Beutezügen in den flachen Randgewässern, noch die Menschen, die dort auf andere Art Erholung suchen.

Zieht der Duft des frisch geräucherten Katenschinkens nicht unmittelbar auch in Ihre Nase?

FLENSBURG UND DAS ANGELNER LAND

„Das gibt aber Punkte in Flensburg ..."
Wer kennt nicht die Warnung vor Verstößen, die zur Eintragung in die Verkehrssünderkartei führen, die offiziell Verkehrszentralregister beim Kraftfahrt-Bundesamt heißt?

So richtig prachtvoll ist Flensburg, die heutige Grenzstadt zu Dänemark, nicht, auch nie gewesen. In den alten Stadtteilen gibt es winkelige und schmale Gassen, die bergauf oder bergab verlaufen und meistens einen Blick auf den dominierenden Hafen und die Flensburger Förde freigeben. Und trotzdem wirkt Flensburg anziehend. Eindeutig ist der dänische Einfluß, gemeint ist nicht der geschichtliche, sondern die Grenznähe, zu spüren. Zum Einkaufen kommen viele Landesnachbarn in die Stadt, und so hat sich auch die Gastronomie darauf eingestellt und manche Neuerung gegenüber früheren Gerichten eingeführt.

Das Leben in der Stadt war nicht immer leicht, insbesondere der Kampf um Macht und Einfluß zwischen den Dänen und den Deutschen brachte manche Fehde mit sich. Die jeweiligen Volksgruppen beäugten einander bis in die Zeit nach dem Zweiten Weltkrieg mit Mißtrauen. Diese Zeiten sind vorbei, Flensburg ist zu einer offenen Stadt des Handels und Wandels geworden. Weit über die Grenzen Schleswig-Holsteins hinaus ist Flensburg als Rumstadt bekannt geworden. Das hat Tradition,

wurde der Rum doch über Jahrhunderte hinweg unverarbeitet in hölzernen Fässern nach Flensburg verschifft, dort veredelt oder verschnitten, manchmal auch verpanscht, und weiterverkauft. Sogar Friedrich der Große stöhnte 1785: „Ich wünschte, daß das garstige Zeug gar nicht da wäre und getrunken würde."

Das Lamentieren half nicht, der Rum, in manchen Fällen ein wahrer Teufelstrank aus den dänischen Kolonien Westindiens, trat einen stetigen Siegeszug quer durch das Land und weit darüber hinaus an. Nicht zuletzt aufgrund der früher herrschenden Trinksitten – ein bißchen was zum Aufwärmen brauchte ein jeder, warme Milch war nicht jedermanns Sache, das Bier häufig dünn und sauer und der Branntwein meist nicht mehr als ein „Rachenputzer".

Die Einstellung zu stark Alkoholischem zeigt sich auch an dem Ratschlag eines Kochbuchs aus dem Jahre 1625: „Wer jeden Morgen ein kleines Glas trinkt, besonders alte Leute, wird nicht krank, denn der Branntwein verzehrt die schleimige Flüssigkeit, welche Krankheiten erzeugt. Wer frühmorgens etwas Branntwein trinkt, dem sterben die Würmer

in der Gegend des Herzens und der Lunge und der Leber . . ." Folgerichtig verbreitete sich die Erkenntnis: „Beeter en lütjen Seever as en lüt Fieber – besser ein kleiner Rausch als ein kleines Fieber".

Und mit dem Rum kam die Phantasie ins Spiel, die „Nordlichter" – ich erlaube mir hier einmal, auch Flensburger und Angeliter so zu titulieren – erfanden allerlei Getränke aus dem neuen, bernsteinfarbenen Schnaps. Ob heiße Grogs, sahnige Pharisäer, verschämte, dennoch inhaltsschwere Bowlen oder süffige Punsche: Was aus Flensburg kam, war, wie wir heute sagen würden, „in".

Gleichzeitig wurden Rumdynastien etabliert, die bis heute Bestand haben. Der Handel lohnte, und durch das Verschneiden des hochprozentigen Alkohols, also die Herabsetzung auf Trinkstärke, verdienten nicht nur die Kapitäne, die die wertvolle Fracht nach Flensburg brachten, sondern auch die Händler wahre Vermögen. Zwei Begriffe vervollständigen das Bild: Verschneiden heißt in der Fachsprache auch „blenden" – der Volksmund spricht von „verwässern".

Da gerade die Rede von Kapitänen war, Graf Adalbert von Baudissin charakterisierte sie 1865 so: „Es gibt in Flensburg eine eigene

Über den letzten Zipfel der Förde und den Hafen hinweg ziehen die ansteigenden, dicht bei dicht stehenden Flensburger Häuser und Kirchen die Blicke auf sich. Ostseefisch und das Bier aus braunen Bügelverschlußflaschen, das „Flens", sind zwei kulinarische Komponenten aus dem äußersten Norden Deutschlands. Weitere folgen umseitig.

In Flensburg selbst sind einige berühmte Rumdestillen zu Hause. Die Rohprodukte stammen aus Südamerika und von den Westindischen Inseln. In der durch alle Zeiten bedeutenden Handelsstadt und in ihrer Umgebung werden viele Fischräuchereien betrieben.

Klasse von Menschen ... reich geworderne Schiffskapitäne, die nach jahrelangem Umherirren in fremden Meeren von ihren Zinsen leben ... Ich habe viele solcher Schiffskapitäne kennengelernt und die Entdeckung gemacht, daß sie erstens ihre Zimmer sehr geschmackvoll einrichten; zweitens, daß sie immer korpulent und entschieden deutsch sind, und drittens, daß sie immer ganz magere Frauen und nie einen Sohn, höchstens aber zwei Töchter haben ... Sie waren meist wortkarg und hielten auf Pünktlichkeit in den häuslichen Verrichtungen. Sie sind guthmüthig, sparsam, phlegmatisch und können Cigarren rauchen, die jeden anderen narkotisieren würden."

Bedingt durch den Handel mit aller Welt, kamen schon sehr früh Spezialitäten nach Flensburg, die das Kücheneinerlei doch sehr belebten. Nicht jeder konnte sich die Spezereien leisten, meist blieben sie den Wohlhabenden, den Handelsherren und anderen „Personen hohen Standes" vorbehalten. Dem einfachen Bürger blieb allerdings der Hering, der „Segen Norddeutschlands". In manchen Jahren wurden an einem einzigen Tag bis zu 20 000 Zentner der silbern glänzenden Fische aus den Netzen geholt. Sie wurden gekocht, gebraten, eingelegt und geräuchert. Ein Essen wie geschaffen für den kleinen Mann, der ganze Eimer voll Hering für nur einen Groschen kaufen konnte.

Und der Fischsegen brachte auch Geld in die Kassen. Verkauft wurde er als Schiffsproviant, natürlich eingesalzen. An dem Salz verdiente wiederum die Hanse, die einen erheblichen Teil ihres Reichtums den kleinen Fischen verdankt. Der Hering wurde bis in unser Jahrhundert hinein zu einem echten Volksnahrungsmittel, ist aber heute eine nicht ganz billige Delikatesse. In allen Regionen des Landes gibt es bodenständige und überlieferte Rezepte für die Zubereitung. Selbst jetzt, da der Hering aufgrund geringerer Fänge rarer wird, ist er aus Norddeutschland nicht mehr wegzudenken.

Die Landschaft Angeln, nordwestlich der Schlei gelegen, war ebenso wie die Schwanser Region südöstlich der Schlei stets Bauernland. Lediglich die Küstenstreifen bis nach Eckernförde und entlang der nach der Stadt benannten Bucht dienten Fischern zu ihrer Existenzsicherung. Der Fisch-

Ehe ein Fisch im Rauch konserviert und geschmacklich verfeinert wird, muß er erst einmal geangelt sein.

Angeln ist bekannt für Kirchen aus Feldsteinen, die überall von den eiszeitlichen Gletschern hinterlassen wurden. Ebenso stehen in der Holsteinischen Schweiz und entlang der Ostsee von Kiel über Fehmarn bis Lübeck einige solcher schlicht-ehrwürdigen Gotteshäuser. Ein Beispiel ist der romanische Rundturm aus dem 12. Jahrhundert in Malente-Neukirchen, der 1956/1958 erneuert wurde.

fang, gleich ob an Ost- oder Nordsee, hat keine so alte Tradition, wie man meinen könnte. Da Fisch schnell verdirbt, Transportwege zu den Abnehmern früher zu lang oder schlecht ausgebaut waren, bedurfte es erst besserer Konservierungsmethoden, um mit den Fängen ausgiebig Handel treiben zu können. Davor wurde meist für den eigenen Bedarf oder den des Ortes gefischt. Entsprechend bescheiden war dann auch das Leben.

Anders im Hinterland, wo die Erträge der Landwirtschaft den Eigenbedarf schnell überstiegen, aus dem vollen geschöpft werden konnte. Das machte sich bereits frühzeitig bei den Speisen bemerkbar. Fleisch, Mehlspeisen, Butter und Sahne, natürlich auch Fisch, ließen die Menschen besser leben. Und da man reichlich zu essen hatte, entwickelten sich schon bald Bräuche, die einen gewissen Wohlstand erkennen lassen.

In Angeln gehörte dazu das „Nötigen", das im „Kragen" der Dithmarscher Bauern und dem „Krajen" der Kremper Bewohner sein Gegenstück hat. Es ist eine Art Höflichkeitsritual zwischen dem Gastgeber, der auftischte, was Küche und Keller zu bieten

hatten, und dem Gast, dem der Wert des Dargebotenen noch zusätzlich vor Augen geführt werden sollte. Dem Gast wurden also vom Gastgeber in möglichst wohlgesetzten Worten die aufgetischten Speisen gepriesen, er wurde zu Tisch gebeten. Der Gast hatte seinerseits die Aufgabe, ebenso höflich wie dankend abzulehnen, auch wenn der Hunger noch so groß war. Erst nach der dritten Aufforderung, wenn er erneut „genötigt" wurde, durfte er die Einladung zur Prasserei annehmen. Während des Essens wurde der Gast dann immer aufs neue „genötigt", richtig zuzugreifen, auch wenn er bereits vollständig gesättigt war und Riesenportionen „verdrückt" hatte. Der Gastgeberin fiel abschließend die Beteuerung zu: „Se hebben ja alle nix eten – Sie haben ja so gut wie gar nichts gegessen."

Nicht ganz nach diesem Ritual geht es teilweise noch heute auf den Höfen zu. Es wird aufgetischt, daß sich die Tischplatte schier durchbiegt. Und wehe dem, der nicht kräftig zulangt. Es käme einer Beleidigung der Hausfrau gleich, wenn nach dem dritten Stück Buttercremetorte nicht noch wenigstens ein Stückchen Butterkuchen, häufig so groß wie

eine Männerhand, nebst einigem Kleingebäck und welcher Spezialität der Hausfrau auch immer, verzehrt würde ... Dann, auch zur Kaffeezeit, gefolgt von einem – oder wie üblich mehreren – Korn, die für besseres „Rutschen" sorgen sollen.

Ein Fest auf einem der zahlreichen Höfe der Landschaft ist seit Urzeiten gleichbedeutend mit Völlerei. Und Feste gab und gibt es viele, neben den einfachen Einladungen zu einer kleinen Mahlzeit, die mindestens drei Gänge in jeweils gewaltigen Ausmaßen umfassen muß, um dem Gast gerecht zu werden. Das bloße Erwähnen von Kalorien ist dabei natürlich streng verpönt ...

Andererseits, wohl als Gegengewicht zum Nötigen, gibt es den Brauch, bei einer Einladung „das letzte Stück" liegen zu lassen. Und wenn der Braten, der Kuchen oder was es sonst gab noch so gut geschmeckt hat ... Aus den früheren kleinen Fischerorten entlang der Küste sind im Laufe der Jahrzehnte wie überall an Schleswig-Holsteins Gestaden Badeorte geworden, in denen die Heerscharen der Erholungssuchenden Kontakt zu Land und Leuten bekommen und die Spezialitäten der Landschaft, einschließlich Rum und Korn, in zahlreichen Zubereitungsvarianten kennen- und lieben lernen.

Das Wasserschloß Glücksburg wurde nach 1587, als es im reinen Stil der Renaissance nach nur fünf Jahren Bauzeit entstanden war, kaum mehr verändert. Eine Zeitlang Sitz der Herzöge von Schleswig-Holstein-Gottorp, fiel Anfang des 19. Jahrhunderts das stets bewohnte Schloß wieder an die Linie der Landesfürsten zurück, die mit dem dänischen Königshaus eng verwandt ist. Mindestens 100 000 Besucher finden sich jedes Jahr hier ein.

DIE NATURPARKS

Wasserwanderungen sind fast immer eine geeignete Art der Fortbewegung, um ein Gebiet ausführlich kennenzulernen; so auch für die Naturparks in Schleswig-Holstein.

„Wenn sie nicht bereits erschaffen wären, sollte inbrünstig für die Erschaffung gebetet werden", so der Stoßseufzer eines Dorfpredigers aus der Nähe von Rendsburg. Gemeint sind die Landschaften der Hüttener Berge, rund um Westensee, um Aukrug und die Holsteinische Schweiz, die der wackere Gottesmann bereist hatte. Länger schon sind alle diese Gebiete zu Naturparks erklärt worden. Nicht nur aufgrund der landschaftlichen Reize, sondern auch wegen der Struktur und des besonderen Erholungswerts sind sie für Liebhaber der freien Natur ein Muß.

Die Hüttener Berge werden wohl wegen ihrer sanften Hügel und den höchsten Erhebungen Aschberg und Scheelsberg, beide um die 100 Meter hoch, gepriesen. Es geht hier aber eher karg zu, anders als im Angelner Land oder in den Marschengebieten der Elbniederung und der Nordseeküste. Der rund 22 000 Hektar umfassende Naturpark, von einigen Seen abgerundet, ist so, weil dünn besiedelt, zu einem natürlichen Reservat für Vögel und Wild geworden.

Im Naturpark Aukrug mit seinen etwa 32 000 Hektar Fläche breiten sich einige ausgedehnte Wälder aus. Gewässer weist dieser Naturpark keine größeren auf, statt dessen finden sich zahlreiche Fischteiche, viele Quellen und Oberläufe von Bächen und kleinen Flüssen. Sie fließen in alle Richtungen, führen ihr Wasser aber hauptsächlich zwei größeren Flüssen zu: einerseits der Eider beziehungsweise ihrem ausgebauten Teil, dem Nord-Ostsee-Kanal, und im Süden der Stör. Auch der Naturpark Westensee mit immerhin rund 25 000 Hektar Fläche ist ein Dorado. Nicht nur, daß dort zahlreiche seltene Pflanzen- und Tierarten in sehr ursprünglich anmutenden Biotopen vorkommen, auch das Auge kann sich an der abwechslungsreichen Landschaft erfreuen: größere Seen und Teiche aller Art, dazu ein paar Moore, deren Ursprung in der letzten Eiszeit liegt, dazwischen einige ansehnliche Waldgebiete.

Noch größer und weit bekannter als die drei schon erwähnten, nicht zuletzt, weil auch ausgeprägtes Urlaubsterrain, ist der Naturpark Holsteinische Schweiz. Eingebettet in eine hügelige Endmoränenlandschaft, die im Bungsberg mit 168 Metern die höchste Erhebung das Landes aufweist, liegen zahlreiche, zum

großen Teil über kurze Flußläufe miteinander verbundene Seen. Sie laden nicht nur zum Baden und zu anderen Wassersportarten ein, sondern sie beherbergen noch immer zahlreiche Fischarten, die anderswo bei uns selten geworden sind. Rund um die Seen, aber auch in ihrer Umgebung gibt es zwar viel Fremdenverkehr, die landschaftlichen Schönheiten, die einmalige Atmosphäre und Ruhe lassen sich aber oft ungestört erleben. Dominiert wird die Region durch die beiden Städte Plön und Eutin. Aber auch Malente und das südlicher, außerhalb des eigentlichen Naturparks gelegene Bad Segeberg mit seinen alljährlich stattfindenden Karl-May-Festspielen, in einer Naturkulisse dargeboten, müssen unbedingt erwähnt werden. In allen größeren Orten findet sich in den Sommermonaten reichlich Gelegenheit, Höhepunkte des Musikfestivals mitzuerleben. Auf den zahlreichen Seen können Rundfahrten mit der Weißen Flotte unternommen und dabei die schönsten Eindrücke gesammelt werden, so zum Beispiel bei der großen „Fünf-Seen-Fahrt".
In Eutin, das ein sehenswertes Schloß beherbergt, wurde im Jahre 1786 Carl Maria von Weber geboren. Ihm zu Ehren werden jedes Jahr Freilichtaufführungen von Opern veranstaltet,

Der Naturpark Hüttener Berge liegt nördlich von Rendsburg und dem Nord-Ostsee-Kanal. Sein unruhiges Relief einer typischen Endmoränenlandschaft mit Hundert-Meter-Bergen, der stete Wechsel von Wald, Feld, Wiese, Wasser und etliche Kilometer Knicks – so heißen die charakteristischen Baum- und Buschreihen – zeichnen ihn aus.

49

Unmittelbar nördlich des Sachsenwalds steht die Grander Mühle. In der mit etwa 700 Jahren ältesten norddeutschen Wassermühle wurden bis Anfang unseres Jahrhunderts an wasserreichen Tagen 20 bis 30 Zentner Korn gemahlen. Von 1871 bis 1890 war Fürst Otto von Bismarck ihr Besitzer, ihm folgten die jeweiligen Müller, bis etwa 1913/1914 der Mahlbetrieb eingestellt und 1928 das Staurecht verkauft wurde. Seither wird das Anwesen als Gaststätte genutzt. Es war zwar Ende der 70er Jahre fast zerfallen, doch seit 1982 können sich die Gäste in der restaurierten Gaststube an einem fein zubereiteten Angebot regionaler und saisonaler Gerichte erfreuen sowie ab und an dem Mahlwerk beim Schroten zusehen.

für Kulturbeflissene ein Muß. Auch lohnt ein Spaziergang in aller Ruhe durch die alten Gassen mit den teilweise historischen Häusern.

Natürlich sind Eutin wie auch Plön mit seinem alles überragenden Schloß ideale Ausgangspunkte für Unternehmungen in die ganze Region, über den Naturpark hinaus. Es gibt zahlreiche Herrenhäuser zu entdecken, Windmühlen, alte Bauernkaten und Gasthäuser: Einige wurden nicht nur wegen ihrer Küche, sondern auch wegen des besonderen Ambientes ausgezeichnet. Dazu gehören in Lütjenburg das Hotel-Restaurant Brüchmann mit seinen zahlreichen Holsteiner Gerichten; in Malente-Gremsmühlen der Schützenhof, der als Spezialität Ostholsteinischen Katenschinken bietet; in Börnsdorf das Landhaus Jägerhof mit Wildspezialitäten und in Preetz der Tannenhof. Doch es wäre anderen Gastronomen gegenüber ungerecht, nicht darauf hinzuweisen, daß es auch noch viele weitere Lokalitäten gibt, die einen oder mehrere Besuche lohnen. Süßwasserfische aus den Seen beherrschen die kulinarische Palette. Doch auch Bodenständiges, typisch Schleswig-Hol-

steinisches wird angeboten, neben dem überall Üblichen. Und wer irgendwo auf einer Speisekarte „Hecht mit Rosinensauce" entdeckt, sollte das köstliche, leider nur selten angebotene Gericht auf alle Fälle probieren. Südöstlich der Holsteinischen Schweiz, südlich der Hansestadt Lübeck, liegt der Naturpark Lauenburgische Seen. Auch er ist ein Erholungsgebiet par excellence, das nicht nur für Lübecker, sondern auch für Hamburger von Bedeutung ist. Außerdem grenzt direkt östlich der bereits auf mecklenburgischem Gebiet gelegene Naturpark Schaalsee an. Vor allem die zahlreichen Seen – darunter große wie der Ratzeburger See, der verzweigte, zerlappte Schaalsee, gleich mehrere Gewässer mit dem Namen Küchensee, die Möllner Seenkette und zahlreiche kleinere Waldseen, die romantisch-verträumt, von Bäumen und Lichtungen umgeben vor sich hin dämmern – lassen Wanderer, Angler, Wassersportler und Erholungssuchende immer wieder ins Schwärmen geraten. Im Schaalsee wird übrigens die forellenähnliche Maräne gefangen, eine auch aus Masuren bekannte Fischart, die wahre Feinschmecker begeistert. Außer

Mölln, einst wichtige Etappe an der alten Salzstraße von Lüneburg über Lauenburg nach Lübeck, erhielt bereits 1202 das Stadtrecht. Zahlreiche historische Gebäude lassen früheren Wohlstand erahnen, so auch das Stadtmuseum.

im Schaalsee kommt sie in Deutschland nur noch in einigen Gewässern Bayerns vor und ist fast nirgends zu erstehen.

Die Landschaft lädt zum Wandern und Erkunden per pedes ein. Es gilt, stille Waldwinkel zu entdecken und an den Seen einen Badeplatz für eine kurze Erfrischung zu finden. Durch Täler und Höhen, durch Wälder und an die Seen führen Spazier- und Wanderwege, die auch einen Eindruck von der heimischen Flora vermitteln.

Nicht vergessen werden dürfen natürlich die zahlreichen Städte und Dörfer, die gleichsam am Wegesrand liegen. Da ist Ratzeburg mit seinem gewaltigen

Dom, neben fünf Häusern der einzige Bau, der nach der Einäscherung der Stadt im Jahr 1693 durch die Soldaten des Dänenkönigs Christian V. übrigblieb. Danach wurde die Stadt auf dem Reißbrett gänzlich neu geplant; als Vorbild diente der Grundriß der Stadt Mannheim.

Die seltsam klingende Straßenbezeichnung „Demolierung" hat übrigens mit dem Brand nichts zu tun. Sie resultiert aus dem Abbruch der sogenannten „Festung Ratzeburg" durch die Dänen nach dem Wiener Kongreß 1816. Seitdem ist alles friedlich, die einzigen Kämpfe finden auf dem Küchensee statt, wenn Mannschaften aus zahlreichen

Nationen um den schnellsten Achter im Ruderboot-Wettkampf konkurrieren.

Etwas weiter südlich liegt die Stadt Mölln, einst eine „Festung der Salzstraße", von den Lübecker Handelsherren der Hanse zur Sicherung der Salztransporte erbaut. Von der alten Anlage ist nichts mehr erhalten. Als kleine Entschädigung darf man jedoch ein Geldstück oder einen Nagel, als angeblich sicheres Mittel gegen Zahnschmerzen, in die große Linde an dem Grab des weithin bekannten Spaßvogels Till Eulenspiegel schlagen. Eulenspiegel wurde lange Jahre nach seinem Tod nicht nur zum Ehrenbürger der Stadt ernannt, sondern gleichsam zum Schutzpatron gemacht. Seine Possen sind bekannt, eine hält bis heute an: Sein „Original"-Grabstein, ein sogenannter Beischlagstein, stammt aus dem 16. Jahrhundert, während der Schalk an den Folgen der Pest bereits 1350 verstarb. Das hält jedoch niemanden davon ab, den Stein als „den" Grabstein des Narren anzugeben.

Bei den ausgedehnten Wäldern im gesamten ehemaligen Herzogtum Lauenburg ist es nicht weiter verwunderlich, wenn zahlreiche Wildgerichte neben Süßwasserfischen die Speisekarten beherrschen. Ob Sie in die Restaurants auf dem Bismarckschen Besitz im ausgedehnten Sachsenwald östlich von Hamburg einkehren oder in einen der vielen Landgasthöfe, in die teilweise mit Blick auf die Seen gelegenen Cafés oder Restaurants in alten Katen – häufig werden dort regionale Spezialitäten ausgesprochen liebevoll zubereitet.

Das gilt natürlich auch für die ganz im Süden an der Grenze Schleswig-Holsteins gelegenen Städte Geesthacht und Lauenburg, in denen es regelrechte Fischerkneipen gibt. Hier liegt wieder die Elbe vor der Tür, und in den Lokalen bekommen Sie außer Fisch jederzeit ein gepflegtes Pils, außerdem auch Deftiges wie ein mit herzhaftem Holsteiner Schinken zubereitetes Bauernfrühstück.

In der Nähe der Kirche von Mölln steht der Eulenspiegelbrunnen, neben dem eine Plakette zum Gedenken an den irischen Satiriker George Bernard Shaw angebracht ist. Er wurde von den Möllnern zum Ehrenbürger ernannt, weil Teile seines Werkes ähnliche Züge wie die Eulenspiegeleien aufweisen: Er macht sich darin lustig über die Dummheit der Menschen.

DIE OSTSEEKÜSTE

Howaldtswerke – Deutsche Werft AG bedeutet das Kürzel HDW auf dem riesigen Brückenkran im Kieler Hafen. HDW hieß und heißt noch Arbeit für viele Menschen in der schleswig-holsteinischen Landeshauptstadt. Fährschiffe verkehren regelmäßig von Kiel nach Göteborg und Oslo, und in Kiel-Holtenau erreichen auch große Frachter den Nord-Ostsee-Kanal.

Kiel ist heute unbestritten das Herz Schleswig-Holsteins, nicht nur als Regierungssitz. Dort hat die Marine einen Stützpunkt, Werften beleben das Geschehen wie auch zahlreiche Industrieunternehmen. Großstadt eben, pulsierend, aktiv und trotzdem überschaubar, kein Welthafen, bestenfalls Mittelklasse, aber dennoch Lebensader, Arbeitgeber und bedeutender Wirtschaftsfaktor zugleich. Eher unbedeutend, gleichwohl dazugehörig, der Fischerhafen in Ellerbek, die große Sportbootmarina im Olympiazentrum, die Fährschiffanleger. Alles etwas kleiner, manchmal auch ruhiger und provinzieller als in anderen Hauptstädten.

Natürlich hat Kiel samt Hinterland eine bewegte Vergangenheit. Das Streben nach Gewinn ist überall spürbar, Handel und Dienstleistung ziehen mit, den geographischen Nachteil zu verringern, zu relativieren.

Kunst, Sehenswertes und Historisches gibt es ebenfalls, Denkmäler für einstige Größen und sogar eines für die „Werftarbeiter" im Schloßgarten. Kirchen, darunter stattliche und reich ausgestattete, buhlen neben alten oder nur alt erscheinenden Fassaden um einen anerkennenden Blick des Besuchers. Kurz, das Leben in Kiel wäre nicht wesentlich anders als anderswo, wenn da nicht die geräucherten Bücklinge und die Sprotten wären, die kulinarische Akzente setzen. Mit beiden sieht es für die Zukunft so rosig nicht aus, denn zum einen bleiben wegen des stellenweise recht verschmutzten Ostseewassers die üppigen Fänge früherer Jahre heute aus. Dann kommt noch ein Kuriosum hinzu: Weil sie die Luft zu sehr belasten, haben die Räuchereien derart strenge Auflagen von den Behörden auferlegt bekommen, daß sogar von Betriebseinstellung die Rede ist. Doch vielleicht findet sich noch ein Weg, um diese typischen Delikatessen zu erhalten.

Über Jahrhunderte hinweg stand Kiel im Schatten der weiter südlich gelegenen Stadt Lübeck. Als eine der bedeutendsten Hansestädte war diese mittelalterliche Weltstadt Mittelpunkt und wirtschaftliche Drehscheibe. Der Hering und das Salz, wiederum für das Haltbarmachen der Heringe benötigt, bildeten den Grundstock für ihren Reichtum. Jeder kennt Lübecks Wahrzeichen, das Holstentor, und den Exportartikel von Weltgeltung,

Seit Klopstock im Sommer 1776 in der Kieler Förde demonstrativ badete, hat sich manches kräftig entwickelt: Kurz vor und nach 1800 boten an Ost- und Nordsee Orte wie Doberan, Norderney oder Travemünde ihren Gästen bereits Stege mit Floß und bald darauf Badekarren. Der erste Strandkorb stand 1882 bei Rostock, und heute können an den kilometerlangen Stränden der Ostsee – hier auf der Halbinsel Priwall bei Travemünde – Burgen gebaut werden, solange Platz ist.

das Marzipan. Letzteres hat hier noch keine so lange Geschichte, wie man meinen könnte. Erst Anfang des 19. Jahrhunderts eröffnete der bekannte Marzipanfabrikant Niederegger sein Geschäft gegenüber dem Rathaus. Gleichwohl gelingt die Verbindung zu weit Älterem: Es gibt das Holstentor in großem Format als Schaufensterdekoration und in klein aus der süßen Masse zu kaufen, neben vielen anderen Formen natürlich.

In beiden Städten ließ es sich schon früh gut leben. Die Kieler hatten ihr reiches Hinterland, nordwestlich das Gebiet Dänischer Wohld und die östlich gelegene Probstei: fette Pfründe, die

für Abwechslung bei den Tafelfreuden durch land- und fischwirtschaftliche Erträge sorgten. Dann sind da noch das Oldenburger Land zwischen Kiel und Lübeck und die schon früher reiche Insel Fehmarn. Auf die Erträge aus der sandigen Geest war man nicht angewiesen. Das, was die Region nicht lieferte, wurde importiert, die Handelsbeziehungen reichten bereits damals weit. Erst der Niedergang der Hanse und sehr viel später natürlich die Teilung Deutschlands – jetzt wieder eines der Kapitel der Geschichte – schnitten alte Verbindungen ab, führten aber auch zu einer Besinnung auf eigene Kräfte und Ressourcen.

Da gerade das Leben früherer Zeiten in Lübeck besonders gut dokumentiert ist, sollen einige Geschichten und Anekdoten hier Erwähnung finden. Bereits im 13. Jahrhundert reisten Lübecker Handelsherren in das ferne Frankreich, um dort Wein einzukaufen. Fortan reiften in den Lübecker Kellern und Speichern Weine millionenliterweise und gewannen letztlich als „Rotspon" weltweiten Ruhm. Kuriosum der Geschichte: Als die Franzosen unter Napoleon auch Lübeck besetzten, kauften sie von den dort ansässigen Händlern den Rotspon für viel Geld wieder zurück, da solch edle Tropfen bei ihnen nicht zu finden waren. Ja, die Lübecker Ratsherren und Oberen wußten schon immer gut zu leben, während im Hinterland noch Grütze gelöffelt wurde. 1502 zum Beispiel vertafelte der Rat der Stadt die angesammelten Bußgelder in einem gigantischen Mahl auf der Olausburg. Die Speisenfolge dieser Mahlzeit ist überliefert. Es gab Schinken und Rinderbraten mit Senf und Öl, gesottenes Wild, Lammfleisch mit Gewürzpulver, Potthast mit Rosinen, Hirschbraten mit Apfelsinen, einen Schwan und einen Pfau mit Wappen auf der Brust als

Schaugerichte, Backwerk, Butter, Käse, Obst, Konfekt und lombardische Nüsse. Dazu trank man Bier aus Hamburg, Pils aus Einbeck und Weine vom Rhein und aus der Gascogne. Das war das Mittagessen.
Abends wurden nochmals fünf Gänge gereicht, darunter ein Fisch- und ein Geflügelgericht, daneben die obligaten Braten und Getränke. Gespeist wurde bei Fackelschein, die Finger wurden in silbernen Schalen gereinigt und an damastenen Tüchern getrocknet. Als eine Art „Reste-Essen" verspeiste man am nächsten Tag dann nochmals Braten in jeglicher Form ... Heutzutage soll der Rat der Stadt sich etwas mehr zurückhalten, heißt es.
Auch in den Jahren nach dem denkwürdigen Mahl suchten und fanden die Lübecker ausreichend Gelegenheit zu üppigem Schmausen. Eine jede Gilde, ein jeder Stand hatte sein Fest, alljährlich wiederkehrend.
Bis heute Bestand hat zum Beispiel die Kringelhöge der Stecknitzfahrer. Die Fahrer waren die Schiffer, die mit ihren Frachtkähnen das Salz über bereits vor 600 Jahren ausgebaute Kanäle und Flüsse aus Lüneburg nach Lübeck herbeischafften und so

Groß sind sie nicht, aber berühmt: die kleinen geräucherten Sprotten, eine kleine Heringsart, aus Kiel.

Jeden Sommer bevölkern anläßlich der Kieler Woche Segelboote unterschied-lichster Bauart und Takelage die Förde. Außer den sportlichen finden dann auch gesellschaft-liche Ereignisse statt.

wesentlich zum Reichtum der Stadt beitrugen. Traditionell brachte jeder etwas zu dem großen Gastmahl mit, das von den „Schaffern" zubereitet wurde. Würste, Wild, Pasteten, Eier und vieles mehr bildeten die Grundlage. Die Stecknitzfahrer respektive deren Nachfahren und Mitglieder der Gesellschaft rauchen noch immer aus langen Tonpfeifen und trinken ihr Bier aus Zinnkrügen. Dabei gilt der traditionelle Spruch: „Ick drink di to", mit der Antwort des so Zugeprosteten: „Dat do". Für die Kinder werden die Kringel zube-reitet, die dem Fest den Namen gaben.

Der Höhepunkt der Gastereien war aber die Schaffermahlzeit der Schiffergesellschaft mit einem strengen Reglement und jahr-zehntelang festgelegter Speisen-folge. Sie fand ihre Fortsetzung in dem „Nautischen Essen" des Nautischen Vereins, der die Tradition pflegt.

Dagegen waren die üppigen Feste des „Schüttingsschmaus", die bis 1802 alljährlich stattfanden, fast schon Freßorgien. Das Essen selber wurde vom Schonenfahrer-collegium im „Schütting" abge-halten, daher der Name. Diese Ver-einigung, die seit 1378 bestand, hatte die Handelsprivilegien auf der früher dänischen Halbinsel Schonen in Südschweden und kam dadurch nicht nur zu Macht, sondern auch zu Reichtum. Ihr Treffen dauerte stets eine ganze Woche. Alles hatte feste Regeln: Am Sonnabendnachmittag trafen sich die Ältersleute zu einem Imbiß mit gebratenen Tauben, Kalbsbraten, Würsten und Wein-suppe. Als Getränke wurden Rotspon, Rhein- und Moselwein gereicht. Sonntags wurden gesal-zene Heringe, Suppen, Stuben-küken, Rehzungen, Hamburger Ochsenzunge mit Spargel, Reh-keule und Ochsenbraten neben zahlreichen Torten und anderen Leckereien aufgetischt. Das alles war allerdings nur der Auftakt für den eigentlichen Schüttings-schmaus, der am Dienstag mit 150 geladenen Gästen stattfand. Jeder, der ein Wappentäfelchen der Gesellschaft vorweisen konn-te, durfte an den langen Tischen Platz nehmen und sich gütlich tun. Gespeist wurde von Tellern aus Zinn, getrunken aus Zinn-bechern. Doch Mundtücher erhielten nur die auserwählten Gäste, die an den vier „vorneh-men Tischen" ihren Platz hatten. Alle anderen mußten selber für Servietten sorgen.

Bei dieser Mahlzeit, die an Üppigkeit wahrlich nichts zu wünschen übrig ließ, war nicht das Essen das eigentlich Wichtige, sondern die Ehre, daran teilnehmen zu dürfen. Die Heringspacker durften mit Kind und Kegel am Donnerstag erscheinen. Sie erhielten Fleisch, Reis und Pflaumen als Speise.

Und mit weiteren Gastereien, ausgiebigsten gemeinsamen Essen eben, verging dann der Rest der Woche. Die Schaffer, die die Speisen zubereiten mußten, erhielten schließlich auch ihren Lohn: je einen Ochsen- und Kalbsbraten à 30 Pfund, einen Hahn, eine Rehkeule und vier Flaschen des begehrten Rotspons...

Doch nicht nur die Lübecker wußten, was gut schmeckt. Als Herzog Christian im Jahre 1533 die Stadt Neustadt etwas nördlich von Lübeck besuchte, fast könnte man sagen „heimsuchte", galt es, 97 Personen seines Gefolges drei Tage zu verköstigen. Die Stadtkasse litt danach an Schwindsucht, denn neben zahlreichen Geschenken, Unmengen an Fleisch, Geflügel und Fisch mußten so kostbare Gewürze wie vier Lot Safran, ein Pfund Pfeffer, vier Lot Ingwerpulver und vier Scheffel Salz bezahlt werden. Gewürze, die zu jener Zeit selten und fast so kostbar wie Gold waren.

Lübecker Wahrzeichen in einem besonderen Licht: In der Mitte das Holstentor, auf sumpfigem Boden errichtet und trotz Pfahlgründung erheblich abgesunken; links die mächtige Marienkirche und rechts St. Petri, in der jedoch keine Gottesdienste mehr, sondern Ausstellungen und Konzerte stattfinden.

Nächste Doppelseite: Auch bei diesem Blick über die Untertrave auf den Lübecker Stadtkern dominiert der tiefrote Backstein aus allen Epochen.

ETEN UND DRINKEN –
BRÄUCHE UND FESTE

Hahnebeer oder Hohnbeer ist in Heide ein wichtiger Brauch heidnischen Ursprungs. Zum Ende des Winters ziehen an einem frühen Morgen die Männer der drei Eggen los. Jede Egge war früher ein selbstverwalteter Stadtbezirk. Es geht von Geschäft zu Geschäft, aber auch zu Privatleuten. Ereignisse des Jahres werden spitz kommentiert, an Essen und Trinken mangelt es nicht, und am Nachmittag beschließt eine Kaffeetafel die traditionelle Form. Mittlerweile rundet ein Ball am Abend, dann natürlich mit Beteiligung von Frauen, das Hahnebeer ab.

Von alters her sind im ganzen Land zahlreiche Bräuche überliefert, die teilweise bis heute bestehen oder sogar Volksfestcharakter angenommen haben. Natürlich geht es dabei, wie etwa bei Schlacht- oder Erntedankfesten, hoch her. Es wurde und wird geschlemmt, getrunken, und nicht einmal wenig. Bei nahezu jeder sich bietenden Gelegenheit wurde gefeiert, ob Hochzeit, Taufe oder sogar Begräbnis. Hinzu kamen Volksfeste, die sich aus Wettkämpfen oder aus religiösen Festtagen entwickelten. Sogar uralte heidnische Bräuche wie etwa das „Bike(n)"- oder „Bükenbrennen", das Austreiben des Winters mittels riesiger Feuer, haben sich erhalten.

Unternehmen wir einen Streifzug kreuz und quer durch das Land, werfen wir einen Blick in die guten Stuben und in die zahlreichen Töpfe, die bei jeder Festlichkeit gut gefüllt sein mußten. Im Norden Nordfrieslands, aber auch anderswo, war das „Kindelbier" ein Fest, bei dem die Wogen höher schlugen. Schließlich galt es, einen neuen Erdenbürger gebührend zu begrüßen. Die Mutter wurde von den Nachbarn mit allerlei Stärkendem wie

gebratenen Tauben, kräftigen Brühen oder Haferschleim versorgt. Währenddessen wurde im Haus des Neuankömmlings mit dem sogenannten „Keesfod" oder „Kindelbier" und Branntwein kräftig gefeiert. Insbesondere die jungverheirateten Frauen des Dorfes hatten dabei zu leiden. Ihnen wurde, notfalls mit sanfter Gewalt, so viel Branntwein eingeflößt, daß manche von ihnen halbtot nach Hause geschleppt werden mußte. Das jeweilige Quantum wurde von der ältesten anwesenden Frau festgelegt. Als Stärkung wurden bei diesen Anlässen Brot und Käse, Eier und Honig gereicht. Manchmal auch Kuchen und Kaffeepunsch, je nach Kassenstand des Festhauses. Überhaupt die Geburtsfeiern ...
Ebenfalls in Nordfriesland weit verbreitet war das „Bierstehlen", bei dem die junge Mutter, soweit sie wieder bei Kräften war, im Mittelpunkt stand, besser gesagt lag. Sie thronte in ihrem Bett, umgeben von einem Kessel mit warmem Süßbier und zahlreichen Schüsseln besonderer Leckereien. Die jungen Burschen des Dorfes sollten nun versuchen, sie durch allerlei Reden abzulenken, um an das Bier zu gelangen. Sie hingegen durfte

ihren Topf mit einem Dornenstock verteidigen, solange sie wollte. Danach wurde in geselliger Runde geschmaust.

Auch die Taufe eines Neugeborenen war Anlaß zu zahlreichen Festivitäten wie dem „Barsel-Abend" vor der Taufe, zu dem man sich bei Punsch und reichlich Kuchen traf. Besonders in der Probstei östlich von Kiel war dieser Abend willkommener Anlaß zu ausgiebigen Gelagen mit Braten, Brot und Bier. Und wenn die junge Mutter das erste Mal wieder zur Kirche ging, mußte sie dort feines Gebäck und später bei einer weiteren Feier das „Karkbier", das Kirchenbier, das meist auch Branntwein und

viele Speisen umfaßte, für alle ausgeben.

Da der Geburt meist eine Hochzeit vorausgeht, ein kurzer Blick auf einige der damit verbundenen Rituale. Eingeladen zu dem Fest wurde von „Kössenbittern", den jungen Männern eines Dorfes, die in jedem Haus mit einem „Schluck" Branntwein begrüßt wurden. Der Bräutigam hatte ein Branntwein-Faß, das sogenannte „Fiefkannsholt" auszugeben und ein Bratferkel zu spendieren. Den Junggesellenabschied nannte man auch „Farkenverteern", Ferkelverzehren.

Bei den sich anschließenden Hochzeitsfeierlichkeiten wurde streng zwischen den „Gebe-"

Die Trachtentanzguppe aus Linden, einem Dithmarscher Ort nicht weit von Heide, belebt so manches Fest in der Region.

Die Rede war von ihm schon, nun ein Mehlbeutel-Rezept: 5 Eier trennen, Eigelb mit Weizenmehl zu einem sehr dicken Teig verrühren. Mit etwas Butter, Salz und Kardamom würzig abschmecken, die geschlagenen Eiweiße unterheben. Die Masse in ein großes kochfestes Tuch geben, das an den Ecken über Kreuz zusammengeknotet wird. Diesen Beutel in reichlich Salzwasser an einem quer über den Topf gelegten Kochlöffel etwa 2 Stunden garen. Mit Zimt-Zucker oder Deftig-Süßem wie Schweinebacke und Sirup auftischen.

oder „lustigen Hochzeiten" derjenigen Bräute ohne nennenswerte Mitgift und den „reichen" oder „großen Hochzeiten" der Wohlhabenden unterschieden. Die arme Braut durfte im Rahmen einer Feier, an der das ganze Dorf teilnahm, „betteln". Man schickte Speisen, Getränke und manch ein Geldstück in das Brauthaus, wo dann ausgiebig gefeiert und das Mitgebrachte von allen verzehrt wurde. Dieser Brauch, eigentlich als Starthilfe für die Armen gedacht, artete schließlich derartig in Saufgelage aus, daß die Durchführung von der Obrigkeit völlig verboten wurde.

Anders die „reichen Hochzeiten". Da wurden dem Brautpaar vor der Feier von allen Dorfbewohnern ausschließlich eßbare Gaben ins Haus geschickt. Speck, Würste, Schinken, Eier, Käse, Brot, Kuchen und natürlich allerlei hochprozentige Getränke. Das alles wurde im Rahmen eines gewaltigen Bacchanals verzehrt. Als richtig schön galt ein solches Fest, wenn der „dicke Kopf" mindestens den ganzen folgenden Tag anhielt. Dann gab es noch die Nachfeiern wie die „Brautbettgilde", bei der allen, die mit Besteck, Gestühl, Tellern und Bechern ausgeholfen hatten, mit

Speis und Trank gedankt wurde. Sogar die Aussteuerfuhrleute hatten ihre Feier, zu der traditionell ein geräucherter Schweinskopf und „Groter Hans", ein gewaltiger Mehlbeutel, gereicht wurden. Eine solche Hochzeit war, je nach Wohlhabenheit, eine voluminöse Sache, bei der Dutzende dampfende Kessel mit Hochzeitssuppe, Weinsuppe, gebratenem Geflügel, Schweine- und Rinderbraten, Mehlbeutel mit vielerlei Saucen, Fische, Kuchen, Brot- und Butterberge, Käse und natürlich Getränke in Mengen vorhanden sein mußten. Im ganzen Land galt auch dick eingekochter Reis mit reichlich Zucker und Zimt bestreut als Hochzeitsspeise. Und die „Piepen und Toback" durften niemals fehlen.

Im Laufe der Zeit wurden insbesondere die Hochzeitsfeiern so üppig und aufwendig, daß manch eine Familie durch die Ausgaben auf Jahre hinaus in Schwierigkeiten geriet. Die Landesherren versuchten deshalb, die „verderbliche Hochmut" per Dekret einzudämmen, gar zu verbieten, jedoch nur mit geringem Erfolg. Auch die Einführung von „Köstenkiekern", Männern, die die dargebotene Kost und die Einhaltung der verordneten Sparsam-

keit zu überwachen hatten, änderte wenig. Und so sind dörfliche Hochzeiten noch heute üppige Höhepunkte.

Auch auf die Ausrichtung von Beerdigungen wurde viel Wert gelegt. Die „Gräff", die Beerdigung, wurde mit beachtlichem Pomp gefeiert. Die „Gräff-Suppe" war ein absolutes Muß. Daneben wurde eine Weinsuppe gegessen, auch „Karkensuppe", also Kirchensuppe, genannt, die von Mehl- oder Schinkenbeuteln begleitet war. In den Marschengebieten wurden zusätzlich Schinken, Käse und Mettwurstbrote zusammen mit dem „Arvbeer", dem Erbenbier, gereicht. Auch duftende Kuchen durften nicht fehlen. Spezielle Beerdigungskuchen, meist trockenes Gebäck, wurden mit Kaffeepunsch dargeboten. Zur Stärkung, denn eine Beerdigungsfeier war schließlich eine ernste und anstrengende Sache, gehörte natürlich Branntwein dazu. Nicht ganz ohne Grund gibt es den Spruch vom „Fell versupen". Doch abgesehen von den Familien-Festivitäten gab es noch viel mehr im Laufe des Jahres zu feiern: Ein rasches, kräftiges Essen zur Fastnacht schützte vor Rotlauf, Scharlach, Röteln, Masern

Der Ursprung für das Fru(u)nsbeerfest im Dithmarscher Nordhastedt, bei dem alle drei Jahre die Frauen einmal im Ort das Sagen haben, ist nicht geklärt. Vielleicht ist das Fest ein Überbleibsel alter Frauenrechte auf ein „Weiberzechgelage" – ganz ohne Männer. Diese dürfen hier aber doch mitmachen bei Umzug, historischem Spiel und Tanzfest. Zeichen für die weibliche Vorherrschaft wenigstens an diesem einen Tag sind Grützetöpfe und Kochlöffel, ein riesiger Pantoffel, der an der Decke des Festsaals hängt, und nicht zuletzt den ganzen Abend Damenwahl.

Ringreiten werden an verschiedenen Orten in ganz Schleswig-Holstein veranstaltet, zu praktisch jedem denkbaren Termin im Frühling und Sommer. 1596 wurden diese reiterlichen Spiele erstmals urkundlich erwähnt. In ihrem Mittelpunkt steht der Mannschaftswettbewerb, im Galopp anzureiten und mit Lanze oder Stecher einen aufgehängten eisernen Ring herauszustechen. Daß es dabei „Blindstecher" und „Sandreiter", also Abgeworfene, gibt, verwundert nicht. Zum festlich-sportlichen Rahmenprogramm gehören unter anderem Umtrunk, Fischstechen, Ringwerfen und ein Ballabend.

und Flohstich. Ein tüchtiger Schluck Schnaps dazu sollte zur Heuernte die Fliegen, Mücken und anderes Getier vertreiben, so glaubte man, um dann dem Getränk entsprechend zuzusprechen. War der Winter vorbei, wurde der Lenz durch das schon erwähnte Büken- oder Bike(n)-brennen begrüßt, auf Fehmarn auch „Lentenbeer" genannt. In den Städten gab es dann das „Petersbier", die Zeit der Stadtkassenabrechnung: gute Gründe, um ausgiebig zu tafeln und sich für kommende Taten zu stärken. An der Nordseeküste wurde dieser Tag mit einem deftigen Grünkohlessen mit süßen Kartoffeln, Kasseler und Schweinebacke begangen, andernorts mit einem Gerstenmehlpudding, mit Speckwürfeln und Sirup. Auch „Groter Hans" oder deftige Speckpfannkuchen waren beliebt.

In der Fastenzeit, jedenfalls vor der Reformation, waren Heißewecken, eine Art plattgedrücktes Rosinenbrötchen, allenthalben die passende Speise.

Osterbräuche wie das „Eierbeeten", das Eierbetteln der Kinder, die von Haus zu Haus zogen und gefärbte Hühnereier oder solche aus Zuckerguß sammelten, fanden zu Silvester ihren Gegenpart

in dem „Rummelpott"-Laufen, bei dem die Kinder unter Absingen mehrerer Reime von Haus zu Haus ziehend süße Gaben erheischten. Und an Speisen für die ganze Familie gab es Kräutersuppen, insbesondere die in ganz Schleswig-Holstein verbreitete „Frische Suppe" – ein Rezept finden Sie auf Seite 90 – mit Reis und kleinen Fleischklößen als Einlage.

Auch an Pfingsten gab es spezielle Lustbarkeiten und dazugehörige Gerichte. In der Probstei zum Beispiel wird noch heute am Freitag nach Pfingsten der „Pingsfreedag" ausgiebig gefeiert. Man zieht von Haus zu Haus, wird mit Butterbroten, Bier und natürlich Korn bewirtet und kehrt beim letzten Bauern des Dorfes, die Reihenfolge wird jedes Jahr neu festgelegt, zu einem Festmahl ein: Fisch, Förn und Stickelbeermus, gebratener Goldbutt, Stachelbeerkompott, von der Bäuerin selbst zubereitet, sowie die Förtchen, das sind in Fett gebackene Gebäckstücke, in etwa wie die Berliner, die allerdings in einer speziellen Förtchenpfanne gemacht werden.

Der Höhepunkt eines jeden Jahres war natürlich Weihnachten. Nicht nur wegen der Geschenke.

Klingen kann ein Buch
nicht. Aber vorstellen
kann man sich, wie mit-
reißend live oder in Funk
und Fernsehen die
„Helgoländer Karkfinken" –
auf hochdeutsch „Dom-
spatzen" – wirken. 1949
noch im Festlands-Exil
gegründet, gilt das elf-
köpfige Ensemble als guter
Botschafter der Insel.
Jeden Sommer findet vor
Friedrichskoog eine
Kutterregatta statt. Die
Rennstrecke mißt vier See-
meilen, und anschließend
wird der Sieger gekürt, das
schönste Schiff prämiiert,
am Hafen kräftig gefeiert.

Schon Wochen vor dem großen Fest wurde gebacken, was der Ofen hergab: Schürzkuchen, Förtchen, Pfeffernüsse, Kliefkläffers, Kliesterklacken, Kneepkuchen, Eisenkuchen, Buntbroten und für die Kleinen die Kintjeskoken. Am Heiligen Abend, im Volksmund in Anspielung auf die stattfindende Völlerei auch „Vullbuksabend" genannt, wurde aufgetischt, was Küche, Keller und Speisekammer zu bieten hatten. Vom saftigen Braten über Bratwurst, Sauerbraten, gebratene Enten oder Gänse zu Wild, manchmal auch Fisch ... und zu allem natürlich der Mehlbeutel, diesmal gefüllt. Auf der Insel Föhr gehörte ein Gerstenmehlpudding einfach dazu, auf Fehmarn „Stippenschöddels", eine Art Mehlwurst, die in Scheiben geschnitten und in Sirup und Fett gebraten war. Förtchen durften nicht fehlen, dicker Reis ebensowenig wie ein kräftiger Schluck.

Viele, viele Feste mehr wurden und werden im Norden gefeiert. Das Umsingen, bei dem von Haus zu Haus gegangen und ein Lied vorgetragen wird, gegen einige Leckereien oder ein Gläschen Korn, das Viehaustreiben der Insel Föhr, der Stutentag der Eutiner, das „Loperbier" und das „Hahnebier", „Hohnbeer" oder „Hahnebeer" in Dithmarschen, die Ringreiterfeste in Tönning, das Trachtenfest in Neustadt, in neuerer Zeit die Kieler Woche, Reitturniere in Elmshorn, das Boßeln an den Deichen Nordfrieslands und Dithmarschens, das Kremper Gildefest, das „Kreihenbeer" auf Fehmarn oder der „Wokerblomenköst", das Wucherblumenfest in Esingen in der Nähe von Pinneberg, um nur einige zu nennen.

Anlässe zum festlichen Beisammensein, zum ausgiebigen Schmausen und Trinken, gibt es im ganzen Land zu fast jeder Jahreszeit, manchmal aus recht nichtigen Anlässen. Und bei diesen Festen, ob nun Hochzeit oder Reitturnier, „Hahnebeer" oder Erntedank, lernt man nicht nur die angeblich so drögen, so trockenen, sturen und zurückhaltenden Menschen besser kennen, sondern auch ihre vielen Bräuche, ihren teilweise schlagfertigen Mutterwitz, vor allem aber ihre Art zu leben.

Lassen wir zum Abschluß noch einmal eine Silbermöwe auf uns wirken, diesen allgegenwärtigen Vogel an den Küsten und zum Teil auch im Binnenland. Sein Hunger ist groß, er verschmäht fast nichts, fliegt bei jedem Wetter, spielt mit dem Wind.

Sie, liebe Leserinnen und Leser, dürfen wählerischer sein. Probieren Sie einfach alles, was Ihnen im folgenden Rezeptteil gefällt. Wir wünschen gutes Gelingen beim Kochen und guten Appetit.

BÜSUMER KRABBEN-COCKTAIL

*I*n Büsum, wo viele Krabben direkt vom Kutter an Gäste aus dem Binnenland verkauft werden, erzählen die Fischer gern ihre „Döntjes". Eine kleine Kostprobe: Die Krabben seien deshalb so teuer, weil man sie einzeln angeln müsse. Auch das „Biegen" der einzelnen Tiere in ihre typische Form sei sehr zeitaufwendig und daher kostspielig.

400 g Nordsee-Krabben-Fleisch
4 Salatblätter
¼ Liter süße Sahne
4 EL Tomatenketchup
Saft von ½ Zitrone
1 Messerspitze Cayennepfeffer
1 EL Weinbrand
Salz
1 EL geriebener Meerrettich
2 unbehandelte Zitronen
2 EL gehackte Petersilie

Tips:
Fruchtiger wird der Krabben-Cocktail, wenn zusätzlich das in Stücke geschnittene Fruchtfleisch einer Grapefruit oder Pampelmuse unter das Krabbenfleisch gemischt und dann mit der Sahnesauce übergossen wird.

Das abgespülte und trockengetupfte Krabbenfleisch in 4 Glasschalen auf den Salatblättern anrichten. Die Sahne steif schlagen. Anschließend den Ketchup, den Zitronensaft, den Cayennepfeffer – sparsam dosieren! –, den Weinbrand, etwas Salz und den Meerrettich vorsichtig unter die geschlagene Sahne mischen und alles pikant abschmecken. Die Sahnesauce über die Krabben geben. Die Zitronen in Achtel schneiden und die Spalten an den Glasrand plazieren. Mit der Petersilie bestreut servieren. Als Beilage Buttertoast oder Baguette reichen.

MÖWENEIER MIT HERINGSSTIPPE

Entlang den Küsten werden im Frühjahr die Möweneier in einem fest begrenzten Zeitraum eingesammelt. Zuvor werden alle anderen Eier aus den Nestern entfernt, um sicherzugehen, anschließend nur wirklich frisch gelegte zu bekommen. Diese werden in Körben, häufig mit Seetang ausgepolstert, an Händler in ganz Deutschland versandt. Der Möwenpopulation tut diese Aktion keinen Abbruch.

16 frische Möweneier
2 Packungen Kresse

Für die Stippe:
2 Salzheringsfilets
½ Liter Fleischbrühe
40 g Mehl
30 g Butter
1 große Zwiebel
schwarzer Pfeffer
½ TL Nelkenpulver

Tip:
Anstelle der Salzherings-filets können auch gewässerte Sardellenfilets für die Stippe genommen werden.

Die Eier in kaltem Wasser zum Kochen aufsetzen und in 12 bis 15 Minuten hart kochen. Die Kresse abschneiden, kurz abwaschen und fein hacken.
Für die Stippe: Die Salzherings-filets etwa 1 Stunde in kaltem Wasser wässern. Die Brühe erhitzen, das Mehl mit der Butter verkneten und die Mischung unter kräftigem Rühren in die Brühe geben. Die geschälte Zwiebel und die gewässerten Heringsfilets fein hacken und dazugeben. Die Sauce mit Pfeffer und Nelkenpulver pikant abschmecken.
Die Eier mit der Schale halbieren und mit der Kresse bestreut anrichten. Die heiße Stippe getrennt und als Beilage Weißbrot oder Baguette reichen.

HELGOLÄNDER HUMMER-COCKTAIL

*F*rüher wurden vor Helgoland tatsächlich noch viele Hummer gefangen und sogar bis nach Ungarn exportiert. Das ist vorbei, die Hummerpopulation ging zurück. Heute kommen fast alle auf der Insel angebotenen Hummer aus Kanada, was dem Genuß aber keinen Abbruch tut. Der Hafen ist übrigens nur für Schiffe mit geringem Tiefgang geeignet. Umsteigen in kleine Boote gehört deshalb zu jedem Besuch auf Helgoland.

300 g Hummerfleisch
1 kleine Sellerieknolle
150 g gedünstete kleine Champignonköpfe
300 g Salat-Mayonnaise
Salz
weißer Pfeffer

Zum Anrichten:
4 Pampelmusen- oder Grapefruitschalen
4 Salatblätter
1 EL Tomatenketchup

Tip:
*Das Fruchtfleisch der Pampelmusen kann gut zerkleinert und abgetropft unter den Cocktail gemischt werden.
Variante: Anstelle von Sellerie und Champignons passen auch frisch gekochte Spargelköpfe.*

Das Hummerfleisch vorsichtig zerkleinern. Die Sellerieknolle schälen und ganz klein würfeln. Mit dem Hummerfleisch und den Champignons vermischen. Mit der Mayonnaise verrühren und mit Salz und Pfeffer feinwürzig abschmecken.
Die Pampelmusenschalen mit je einem Salatblatt auslegen, den Hummercocktail hineinfüllen und mit einem Klecks Tomatenketchup garniert servieren.
Als Beilage geröstetes Weißbrot reichen und nach Geschmack mit einem Spritzer Worcestersauce würzen.

Miesmuschel-Spiesschen

je nach Größe 24–32
frische Miesmuscheln
2 Bund Suppengrün
1 Liter trockener
Weißwein
2 mittelgroße Zwiebeln
Salz
weißer Pfeffer
1 großes Lorbeerblatt
24–32 kleine Scheiben
Räucherspeck
40 g Butter
200 g Paniermehl
2 EL Zitronensaft

Tip:
*Eine weitere geschmack-
liche Variante kann durch
die Zugabe von zwei
gehackten Knoblauch-
zehen in den Kochsud
erreicht werden. Dann
sollte kein Lorbeerblatt
verwendet werden.*

Die Miesmuscheln gründlich
waschen, putzen und den Bart
entfernen. Zusammen mit dem
geputzten, kleingeschnittenen
Suppengrün und dem Wein in
einem hohen Topf kalt aufsetzen.
Die geschälten und grob gehackten Zwiebeln, Salz, Pfeffer und
das Lorbeerblatt dazugeben und
mit aufkochen. Danach etwa
15 Minuten bei geringer Hitze
ziehen lassen.
Wenn sie gar sind, die Muscheln
aus der Schale lösen. (Muscheln,
die sich beim Kochen nicht geöffnet haben, wegwerfen, nicht verarbeiten!) Das Muschelfleisch
abwechselnd mit den Speckscheiben auf hölzerne Spieße stecken.
Die Butter in einer Pfanne erhitzen und die Spieße darin rundherum kurz anbraten. Im Paniermehl wenden und im Backofen in
einer feuerfesten Form bei starker Oberhitze etwa 4 Minuten
überbacken. Mit Salz, Pfeffer und
Zitronensaft abschmecken und
sofort servieren.
Als Beilage paßt Weißbrot mit
frischer Butter.

*Ü*berwiegend an der Nordseeküste, seltener in der
Ostsee, werden die Muscheln in
großen Kulturen aufgezogen und
im Herbst geerntet. Vor dem Ver-
sand werden die sogenannten
„Austern des kleinen Mannes"
grob gereinigt.
Übrigens: Nie bereits geöffnete
Muscheln verarbeiten, denn
durch ihren hohen Eiweißanteil
können sie bereits in Verderb
übergegangen sein und leicht zu
Vergiftungen führen.

FLENSBURGER AAL

Im ganzen Land findet man Aal auf den Speisekarten oder frisch geräuchert zum Mitnehmen. Meist unterscheiden sie sich durch die Zusammensetzung der glimmenden Holzspäne, über deren Rauch sie so herrlich gold-gelb werden. In Flensburg wer-den für Aal wie für Schinken häufig Buchenspäne verwendet. Fast jede Räucherei hat ein eige-nes, gut gehütetes Geheimrezept für den „ganz besonderen Rauch".

500 g geräucherter Aal
8 Eier
6 EL süße Sahne
Salz
schwarzer Pfeffer
2 EL Butter
2 EL Schnittlauchröllchen
4 Zitronenscheiben

Tips:
Für eine komplette Mahl-zeit sollten pro Person 3 Eier und etwa 200 g Aal (Rohgewicht) gerechnet werden.
Etwas würziger wird das Rührei durch die Zugabe von gehackter Petersilie. Soll es besonders leicht und locker werden, etwas Mineralwasser mit Koh-lensäure mit der Eimasse verquirlen.

Den Aal enthäuten und entgräten. Das Fleisch in Stücke schneiden. Die Eier in einer Schüssel mit der Sahne verquirlen und mit Salz und Pfeffer würzen. Die Butter in einer Pfanne erhitzen und das Eiergemisch darin bei geringer Hitze unter leichtem Rühren stocken lassen.
Das Rührei auf Tellern anrichten, die Aalstücke darauf verteilen und mit dem Schnittlauch bestreuen. Mit den Zitronen-scheiben garniert servieren. Als Beilage paßt frisches Voll-kornbrot mit Butter.

KIELER SPROTTEN-RÜHREI
KIEBITZEIER AUF KRESSE

KIELER SPROTTEN-RÜHREI

400 g Kieler Sprotten
4 Scheiben Roggenmisch-
brot
2 mittelgroße Zwiebeln
2 EL Butterschmalz
8 Eier
Salz
weißer Pfeffer
2 EL gehackter Dill

Tip:
Ausgezeichnet schmecken auch Schillerlocken auf Rührei und Brot.

KIEBITZEIER AUF KRESSE

16 Kiebitzeier
4 Packungen Kresse
2 EL Zitronensaft
Salz
Butter

Tip:
Anstelle von Kresse kann man auch fein gehackte Petersilienblätter nehmen.

KIELER SPROTTEN-RÜHREI

Die Haut der Sprotten abziehen, den Kopf, den Schwanz und die Gräten entfernen. Die Filets auf die Brotscheiben legen. Die Zwiebeln schälen und fein hacken, das Butterschmalz in einer Pfanne erhitzen und die Zwiebelwürfel darin goldgelb andünsten. Die Eier in eine Schüssel aufschlagen und die Masse mit Salz und Pfeffer würzen, gut verquirlen, dann zu den Zwiebeln in die Pfanne geben und stocken lassen.
Das Rührei auf die Brotscheiben mit den Sprotten geben und mit Dill bestreut servieren.

*A*ls Delikatesse sind sie nicht nur in Deutschland bekannt und beliebt, die kleinen geräucherten Fische, in ihren schlichten Holzkistchen. Nach dem Willen der Behörden sollen die Räuchereien jetzt aber mit der Zubereitung aufhören oder zumindest aufwendige Filteranlagen in ihre Räucheröfen einbauen, wegen des Umweltschutzes. Diese Köstlichkeiten werden meist in kleinen Familienbetrieben hergestellt, die sich derartige Investitionen allerdings nicht leisten können. Deshalb zugreifen, bevor womöglich der Nachschub ausbleibt!

KIEBITZEIER AUF KRESSE

Die Eier in kaltem Wasser aufsetzen und in 8 Minuten hart kochen. Die Kresse waschen, grob hacken und mit dem Zitronensaft sowie etwas Salz vermischen, dann als Häufchen auf 4 Tellern anrichten. Die Kiebitzeier in der Schale darauf legen und noch heiß servieren.
Bei Tisch werden die Eier aufgeschlagen, die Eigelbe ausgelöst und mit der Gabel mit etwas Salz und Butter vermischt gegessen. Als Beilage wird gebuttertes Röstbrot gereicht.

*S*chon der Fürst Bismarck, einstiger Reichskanzler, schwärmte von ihnen und ließ sie sich im Frühjahr körbeweise schicken ... Noch immer gelten die kleinen gesprenkelten Eier mit ihrem feinwürzigen Geschmack als Delikatesse. Das Sammeln von Kibitzeiern ist in Deutschland untersagt. Die auf dem Markt angebotenen Eier werden aus den Benelux-Ländern importiert. Übrigens, zur Not kann das Gericht auch mit Wachteleiern zubereitet werden.

ERBSEN, SNUTEN UN POTEN
HOLSTEINER PLOCKFINKEN

ERBSEN, SNUTEN UN POTEN

200 g ungeschälte gelbe
Erbsen
500 g Snuten (Schweins-
rüssel) und Poten
(Schweinsfüße)
1 Bund Suppengrün
1 Zwiebel
1 EL Schmalz
1 Lorbeerblatt
500 g Kartoffeln
½ TL getrockneter
Majoran
Salz
schwarzer Pfeffer

Tip:
*Nochmals aufgewärmt
schmeckt dieses Gericht
besonders gut.*

HOLSTEINER PLOCKFINKEN

je 250 g Rind-, Schweine-
und Pökelfleisch
3 Zwiebeln
400 g Möhren
Salz
schwarzer Pfeffer
1 TL Zucker
1 EL Obstessig
4 säuerliche Äpfel
1 EL Mehl
1 EL Schmalz
2 EL gehackte Petersilie

ERBSEN, SNUTEN UN POTEN

Die Erbsen über Nacht in einem Topf mit Wasser einweichen. Dann mit Wasser auf 1 Liter auffüllen, die Snuten und Poten dazugeben und aufkochen. Währenddessen mehrfach mit einer Schaumkelle abschäumen. Das geputzte Suppengrün und die geschälte Zwiebel kleinschneiden. Das Schmalz in einer Pfanne erhitzen und das Gemüse darin andünsten. Danach mit dem Lorbeerblatt in den Topf geben. Bei mittlerer Hitze etwa 1 Stunde köcheln lassen. Während der letzten 25 Minuten die geschälten und in kleine Würfel geschnittenen Kartoffeln mit kochen lassen. Wenn sie gar sind, die Snuten und Poten und das Lorbeerblatt herausnehmen, das Fleisch von den Knochen lösen, in mundgerechte Stücke teilen und diese wieder in den Topf geben. Den Eintopf mit Majoran, Salz und Pfeffer pikant abschmecken.

Früher war man, der Not gehorchend, nicht so „mäkelig" beim Essen wie wir heute. Alles, was sich beim Schlachten irgendwie verwerten ließ, wurde verarbeitet, so auch der Schweinerüssel und die Pfoten, die vorher natürlich gut gereinigt wurden.

HOLSTEINER PLOCKFINKEN

Das Fleisch in mundgerechte Stücke schneiden. Die geschälten Zwiebeln und geputzten Möhren in grobe Würfel schneiden. Alles zusammen in reichlich Wasser gar kochen. Mit Salz, Pfeffer, Zucker und dem Essig abschmecken. ½ Stunde vor Ende der Garzeit die geschälten, entkernten und in Stücke geschnittenen Äpfel dazugeben, alles gut durchmischen. Vor dem Servieren das Mehl in dem Schmalz in einer Pfanne hell anschwitzen, mit etwas Kochwasser verrühren und den Eintopf damit binden. Nochmals süßsauer abschmecken und mit der Petersilie bestreut servieren. Als Beilage werden Salzkartoffeln oder kleine Pellkartoffeln gereicht.

In früheren Zeiten wurde der Eintopf ausschließlich mit Pökelfleisch zubereitet, denn Frischfleisch gab es nur zum Schlachtfest im Herbst oder zu ganz besonderen Anlässen. Besser und bekömmlicher schmeckt das Gericht, wenn Frisch- und Pökelfleisch zusammen verarbeitet werden.

Lammtopf mit grünen Bohnen

Nicht nur in den Elbmarschen, in Dithmarschen und Nordfriesland grasen unzählige Schafe an den grünen Deichen. Wenn die Bohnen in den Bauerngärten erntereif sind, haben die Lämmer auch gerade die richtige Schlachtgröße. Aus dem delikaten Fleisch, kombiniert mit dem Geschmack der frischen Bohnen, entsteht dieser herzhafte Eintopf, zu dem Sauerteig-Landbrot sehr gut paßt.

600 g Lammfleisch vom Nacken
2 große Zwiebeln
1 kg grüne Bohnen
1 Zweig Bohnenkraut
750 g Kartoffeln
Salz
schwarzer Pfeffer
2 EL gehackte Petersilie

Tip:
Zu dem Lammtopf können auch andere Fleischteile, die nicht zu fett sein sollten, verwendet werden.

Das Fleisch in mundgerechte Würfel schneiden. Die Zwiebeln schälen und in grobe Würfel schneiden. Fleisch und Zwiebeln in reichlich Wasser aufkochen und etwa 30 Minuten gut durchkochen lassen. Dann die geputzten und gebrochenen grünen Bohnen zum Fleisch geben. Das Bohnenkraut auf die Brühe legen. Nach weiteren etwa 25 Minuten die geschälten und in nicht zu kleine Würfel geschnittenen Kartoffeln dazugeben. Weiterkochen lassen, bis die Kartoffeln gut gar sind und dem Lammtopf etwas Bindung geben. Danach das Bohnenkraut entfernen. Den Eintopf mit Salz und Pfeffer abschmecken und mit der Petersilie bestreut servieren.

HELGOLÄNDER FISCHTOPF

750 g küchenfertiger
Seeaal
100 g magerer Räucher-
speck
20 g Butter
Salz
schwarzer Pfeffer
500 g feine, ausgepalte
Erbsen
1 EL Tomatenmark
3 EL Fischfond
3 EL saure Sahne
1 EL Speisestärke
½ TL Paprika, edelsüß
1 EL gehackte Petersilie

Tip:
*Anstelle von Seeaal kann
auch anderer Seefisch
verwendet werden. Noch
einfacher geht es mit
Fischfilet.*

Den Aal in etwa 3 cm lange
Streifen schneiden. Den Speck in
feine Würfel schneiden und in
einem Topf auslassen, dann die
Butter dazugeben und die Aalstücke, mit etwas Salz und Pfeffer
bestreut, darin rundherum anbraten.
Die Erbsen waschen, das Tomatenmark mit dem Fischfond verrühren und alles zum Fisch
geben. Etwa 4 Minuten bei geringer Hitze köcheln lassen. Die
Sahne einrühren und den Suppen-
fond mit der Speisestärke binden.
Mit Salz, Pfeffer und dem Paprika
pikant abschmecken. Mit der
gehackten Petersilie bestreut servieren.
Als Beilage passen Petersilienkartoffeln.

*Landwirtschaft war auf der
„roten Insel" mitten in der
Nordsee kaum möglich. Der
Fischfang bildete die Nahrungs-
grundlage. Fisch gab es daher in
allen Variationen, auch als delikaten Eintopf. Eine Helgoländer
Besonderheit übrigens, wenn
auch nur für kurze Zeit, war das
„Kamerun-Fleask": Büffelfleisch,
per Schiff nach Helgoland ver-
frachtet, um die karge Kost auf-
zubessern. Es wurde mit Kartoffeln gekocht, zerstampft und als
Brei gegessen.*

FRISCHE SUPPE
NORDFRIESISCHE ART

750 g Suppenfleisch
einige Markknochen
2 Bund Suppengrün
Salz
schwarzer Pfeffer
je 250 g grüne Bohnen,
Kohlrabi und Möhren

Für die Klößchen:
Salz
1 EL Butter
knapp 200 g Mehl
1 Ei
1 Eigelb
geriebene Muskatnuß

Tip:
*Als Gemüseeinlage kann
auch Blumen- oder Rosen-
kohl genommen werden.*

Das Fleisch und die Knochen in etwa 1½ Liter kaltem Wasser zusammen mit dem geputzten und gehackten Suppengrün aufsetzen und etwa 1½ Stunden bei mittlerer Hitze kochen. Den entstehenden Schaum ab und zu mit einer Schaumkelle abschöpfen. Das Fleisch herausnehmen und die Brühe durch ein Sieb in einen Topf passieren und leicht salzen und pfeffern. Danach auf etwa 1 Liter einkochen. Die geputzten Bohnen und Möhren und den geschälten Kohlrabi kleinschneiden, in die Brühe geben und darin bei geringer Hitze gar ziehen lassen.

Für die Suppenklößchen: ¼ Liter Wasser mit etwas Salz und der Butter aufkochen. Das Mehl einrühren, bis sich ein Kloß gebildet hat. Vom Herd nehmen und abkühlen lassen. Danach das ganze Ei und das Eigelb in den Teig rühren. Mit etwas Muskatnuß abschmecken. Mit zwei Teelöffeln kleine Klößchen formen und diese in die Suppe geben. Etwa 5 Minuten gar ziehen lassen. Die Suppe heiß servieren.

Als Beilage Roggenbrot reichen.

In allen Teilen des Landes „zwischen den Meeren" gibt es unterschiedliche Rezepte für diese delikate Suppe. Mehr noch, fast jede Hausfrau hatte früher ihre ganz spezielle Zubereitungsart, die sich meist nach den Gegebenheiten des Haushaltes und den Erträgen der Bauerngärten richtete.

FISCHSUPPE SYLT

250 g Heilbuttfilet
250 g Rotbarschfilet
Saft von ½ Zitrone
1 ¼ Liter Fleischbrühe,
Fischbrühe oder -fond
Salz
4 Zwiebeln
1 Lorbeerblatt
2 Petersilienwurzeln
3 Gewürzgurken
½ Sellerieknolle
6 kleine Tomaten
⅛ Liter Weißwein
1 TL geriebener
Meerrettich
2 EL gehackter Dill

Tips:
*Für die Suppe können
auch andere Fischarten
verwendet werden. Durch
die Zugabe von etwa 100 g
Nordsee-Krabbenfleisch
wird die Suppe noch
feiner.
Die Variante mit der
gleichen Menge Fisch-
brühe oder Fischfond statt
Fleischbrühe sollte man
nur wählen, wenn einem
verstärkter Fischge-
schmack nichts ausmacht.*

Die Fischfilets mit dem Zitronensaft beträufeln und etwa 5 Minuten ziehen lassen.
Die Brühe in einem großen Topf
erhitzen. Etwas Salz, die geschälten, in Scheiben geschnittenen
Zwiebeln und das Lorbeerblatt
dazugeben. Aufkochen und den
Fisch hineingeben. Bei geringer
Hitze etwa 10 Minuten ziehen
lassen, dann die Filets herausnehmen und warm stellen.
Die Petersilienwurzeln schälen
und reiben, die Gewürzgurken in
Scheiben schneiden. Den Sellerie
schälen und in dünne Streifen
schneiden. Die Tomaten mit
kochendem Wasser überbrühen,
häuten und halbieren. Alles in
die Suppe geben. Etwa 5 Minuten ziehen, aber nicht kochen
lassen. Dann den Weißwein
angießen und den geriebenen
Meerrettich einrühren.
Die Fischfilets vorsichtig zer-
pflücken und in die Suppe geben.
Nochmals kurz erhitzen. Mit dem
Dill bestreut servieren.

*Das Leben auf der Insel war
früher hart, entbehrungs-
reich und eintönig. Fisch in jeglicher Form mußte als Ersatz für
das teure Fleisch die Grundlage
vieler Speisen sein. So entstanden im Laufe der Jahrzehnte zahlreiche Rezepte, die wir heute als
Besonderheiten ansehen, weil sie
so schmackhaft sind.*

KERBELSUPPE
ANGELNER SCHNÜSCH

KERBELSUPPE
1 Liter Fleischbrühe
1 EL Mehl
⅛ Liter kalte Milch
⅛ Liter süße Sahne
2 Eigelb
6 EL gehackter Kerbel
weißer Pfeffer
Salz

ANGELNER SCHNÜSCH
250 g Erbsen
250 g Möhren
Salz
1 Messerspitze Zucker
250 g Brechbohnen
250 g Kartoffeln
½ Liter Milch
3 EL gehackte Petersilie
60 g Butter
weißer Pfeffer

KERBELSUPPE

Die Brühe aufkochen, das Mehl in der Milch verquirlen und langsam in die Brühe rühren. Bei geringer Hitze etwa 10 Minuten ziehen lassen. Dann die Hitze abschalten und die mit der Sahne verquirlten Eigelbe einrühren. Danach 5 Eßlöffel Kerbel in die Suppe rühren und mit Pfeffer und Salz würzen. Mit dem restlichen Kerbel bestreut heiß servieren.

Die Kerbelsuppe, manchmal auch Eckernförder Kerbelsuppe genannt, gibt es in zahlreichen Variationen quer durch das Land. Auch sie war eher eine einfache Mahlzeit aus den meist sowieso vorhandenen Zutaten und mit etwas frischem Würzkraut verfeinert. Kerbel und andere Würzkräuter wurden, zumindest in früheren Zeiten, in fast allen Bauerngärten gezogen, um auf das noch kostspielige Salz teilweise verzichten zu können.

ANGELNER SCHNÜSCH

Die Erbsen und die in Scheiben geschnittenen Möhren zusammen in wenig Wasser mit etwas Salz und Zucker garen.
Die Brechbohnen mit Salz in wenig Wasser garen. Die Kartoffeln in der Schale kochen, etwas abkühlen lassen, dann abpellen und in Scheiben schneiden.
Die Milch mit der Petersilie und der Butter aufkochen, das Gemüse und die Kartoffelscheiben mit jeweils etwa 2 Eßlöffeln Kochbrühe hineingeben und mit Salz, Pfeffer und Zucker süß-pikant abschmecken, dann heiß servieren. Als Beilage wird Katenschinken in Scheiben oder Matjesfilet gereicht.

Milch gab das Vieh, Gemüse hatte man im Garten, Kartoffeln sowieso. Und so waren die Zutaten für eine Suppe, besser gesagt einen Eintopf, beisammen, der gerade im Sommer gereicht werden konnte, wenn Fleisch knapp war. Als Beilage konnte ein Stück vom restlichen Schinken oder ein Hering dienen, also was gerade noch da war. Was einst als „Spargericht" gedacht war, ist auch heute noch eine sättigende Mahlzeit.

Schleswiger Groten Heini

500 g junge kleine
Kartoffeln
Salz
500 g Brechbohnen
500 g durchwachsener
Räucherspeck
500 g kleine Kochbirnen
schwarzer Pfeffer
2 EL gehackte Petersilie

Die ganzen Kartoffeln in Salzwasser garen, etwas abkühlen lassen, dann abpellen. Die Brechbohnen putzen, mit dem in Scheiben geschnittenen Räucherspeck in wenig Salzwasser aufkochen und etwa 10 Minuten garen. Dann herausnehmen und warm stellen. Die geschälten, halbierten und entkernten Birnen in den Kochsud geben und gar ziehen lassen. Den Kochfond mit Salz und Pfeffer abschmecken.

Die Bohnen in die Mitte einer großen, flachen und vorgewärmten Schüssel legen. Die Kartoffeln drumherum setzen und die Speckscheiben und Birnen darüber anrichten. Die Brühe darüber gießen und mit der Petersilie bestreut servieren.

Wenn die Birnenzeit im Lande einkehrt, gibt es Birnen, Bohnen und Speck, auch als „Groten Heini" bekannt: ein Eintopf mit der im Norden bevorzugten leicht süß-sauren Geschmacksnote. In früheren Zeiten war er eine hochwillkommene Abwechslung der ansonsten eher eintönigen Alltagsgerichte. Manche vorausschauende Bäuerin ließ extra spät reifende Birnensorten anpflanzen, um die eingelagerten Früchte auch im Winter für Groten Heini als Festessen parat zu haben.

Probsteier Bohnensupp

500 g weiße Bohnen
250 g Schinkenspeck am Stück
1 Bund Suppengrün
300 g kleine Kartoffeln
1 Zwiebel
250 g Brechbohnen
1 EL Butter
1 EL Mehl
Salz
schwarzer Pfeffer
2 EL gehackte Petersilie
1 EL gehacktes Bohnenkraut

Die weißen Bohnen ungefähr 12 Stunden in Wasser einweichen. Vor dem Kochen abspülen und mit dem Schinkenspeck mit Wasser bedeckt bei mittlerer Hitze in etwa 20 Minuten gar kochen. Das geputzte und kleingeschnittene Suppengrün, die geschälten und in Würfel geschnittenen Kartoffeln, die geschälte und zerkleinerte Zwiebel und die Brechbohnen dazugeben und alles zusammen gar kochen. Aus der Butter und dem Mehl eine dunkle Einbrenne rühren und die Suppe damit andicken. Den Schinkenspeck herausnehmen und in Scheiben schneiden, danach wieder in die Suppe geben. Mit Salz und Pfeffer abschmecken und mit der Petersilie und dem Bohnenkraut bestreut servieren.

Büschelweise werden in der traditionsreichen Probstei noch heute die Bohnen samt Kraut unter schützenden Vordächern zum Trocknen aufgehängt. Aus ihnen wird die Bohnensupp gemacht, die sogar die feinschmeckerischen Hamburger begeisterte. Früher wurden eigens Landpartien nach Schleswig-Holstein unternommen, um in Gasthäusern die Bohnensuppe zu verzehren. Begleitet wurden solche Unternehmungen mit fröhlichen, nicht immer ganz stubenreinen Bohnenliedern. Ob die Bohnensupp bereits ein Eintopf oder noch eine Suppe ist, darüber herrscht bis heute Streit unter den Puristen. Uns sollte es egal sein, die Bohnensupp schmeckt, und das ist die Hauptsache.

LÜBECKER KREBSSUPPE

Das Buddenbrookhaus, ein typisches Lübecker Bürgerhaus, steht in der Mengstraße.

Salz
1/2 Bund Dill
12 lebende Suppenkrebse
40 g Butter
30 g Mehl
1 TL Fleischextrakt
weißer Pfeffer
Zucker
Saft von 1/2 Zitrone
1/2 TL Worcestersauce
4 EL geschlagene
ungesüßte Sahne

Tip:
Krebse sind nicht immer und überall erhältlich. Statt dessen kann man auch konserviertes Krebs-fleisch aus der Dose neh-men. Dann sollte man noch etwa 1/8 Liter Fisch-fond in die Suppe geben.

Etwa 3 Liter Salzwasser auf-kochen und den Dill dazugeben. Die gereinigten Krebse in das kochende Wasser geben und zugedeckt etwa 15 Minuten kochen lassen.
Danach die Krebse herausneh-men und abkühlen lassen. Die Scheren und Schwänze auf-schneiden. Das Fleisch heraus-lösen, den Darm entfernen. Die Fleischstücke zerteilen und bei-seite stellen.
Die Krebsschalen abspülen, abtrocknen und in einem Mörser fein zerstoßen. Die Butter in einem Topf erhitzen und die zer-stoßenen Krebsschalen darin anrösten. Das Mehl dazugeben und unter Rühren etwa 1 Minute rösten lassen. Mit 1 Liter der Krebsbrühe auffüllen und etwa 5 Minuten kochen lassen.
Die Brühe durch ein Sieb passie-ren, den Fleischextrakt einrühren und kurz aufkochen lassen. Mit Salz, Pfeffer, etwas Zucker, dem Zitronensaft und der Worcester-sauce abschmecken.
Das Krebsfleisch in die Suppe geben. In Suppentassen füllen und je 1 Eßlöffel Sahne darauf geben.

*I*n der wohlhabenden Hanse-stadt wurde schon immer gut gegessen. Zu den absoluten Favoriten der Küche gehört seit jeher die Krebssuppe. Die höheren Töchter mußten die Zubereitung der meist aus den kleinen Flüssen und Seen des Hinterlandes in Spankörben nach Lübeck gebrachten Schalentiere unbedingt erlernen. Natürlich hatte jede Hausfrau ihr ganz spezielles Rezept, zu dem manchmal auch ein Gläschen Rotspon gehörte.

Probsteier
Fett und Klümp

1,5 kg Schweineschulter
1 Schweinebacke mit Ohr
1 Steckrübe
500 g Möhren
2 Petersilienwurzeln
Salz
schwarzer Pfeffer

Für die Mehlklöße:
250 g Mehl
Salz
100 g Schmalz

Das Schulterstück und die Schweinebacke knapp mit Wasser bedeckt in einem großen Topf in etwa 2 Stunden gar kochen. Etwa 20 Minuten vor Ende der Garzeit die geschälte und in große Stücke geschnittene Steckrübe, die geputzten, halbierten Möhren und die geputzten, grob zerkleinerten Petersilienwurzeln dazugeben.

Wenn alles gar ist, mit Salz und Pfeffer abschmecken. Das Fleisch herausnehmen und in mundgerechte Würfel schneiden.

Für die Mehlklöße: Das Mehl in eine Schüssel sieben und mit etwas Salz und ¼ Liter kochendem Wasser zu einem sehr festen Teig rühren.

Klöße formen, in der Brühe aufkochen und bei geringer Hitze in etwa 20 Minuten gar ziehen lassen. Danach die Klöße in eine große Schüssel legen, die Suppe darüber gießen und das in einer Pfanne angebräunte Schmalz darauf geben. Die Suppe wie eine Sauce verwenden.

Als Beilage werden zusätzlich Pellkartoffeln gereicht.

Der nicht unbedingt ästhetisch klingende Name des Gerichtes soll nicht über den Wohlgeschmack hinwegtäuschen! Für diese Mahlzeit gibt es ein festes Ritual: Die große Schüssel wird in die Mitte des Tisches gestellt. Der Hausherr schneidet das Fleisch in große Portionsstücke und verteilt sie auf die flachen Teller. Ein paar Klöße und einige Stücke Steckrübe aus der Schüssel werden auf jeden Teller gegeben, die Pellkartoffeln verteilt, und über das Ganze gibt es etwas von der Brühe als Sauce. Gegessen wird mit Gabel und Messer, nicht mit einem Löffel. Auf manchen Höfen wird das Gericht noch in Altväter-Manier verspeist: Alles bleibt in dem Topf oder einer großen Schüssel, in die jeder seine Kartoffeln tunkt und sich das eine oder andere Stück Fleisch oder Gemüse herausfischt.

FLIEDERBEERENSUPPE KIELER ART

1 kg abgestreifte Fliederbeeren (Holunderbeeren)
4 EL Zucker
3 säuerliche Äpfel
250 g entsteinte Pflaumen

Für die Klößchen:
⅛ Liter Milch
1 EL Butter
Salz
60 g Mehl
1 Ei

Die Fliederbeeren mit ⅛ Liter
Wasser langsam zum Kochen
bringen. Den Zucker einrühren
und etwa 10 Minuten kochen,
dann durch ein Sieb in einen
zweiten Topf passieren, die
Früchte im Sieb mit einem Löffel
gut ausdrücken.
Den Saft erhitzen. Die Äpfel
schälen und in dünne Spalten
schneiden, dann in den Saft
geben und weich ziehen lassen.
Die Pflaumen einige Minuten
nach den Apfelstücken in die
Suppe geben und ebenfalls gar
ziehen lassen. Die Suppe
abschmecken und, wenn
gewünscht, etwas nachzuckern.
Für die Klößchen oder „Kluntjes":
Die Milch mit der Butter und
etwas Salz aufkochen, das Mehl

hineinrühren, bis sich ein Kloß
bildet, etwas abkühlen lassen und
danach das Ei einrühren. Von
dem Teig mit zwei Teelöffeln
kleine Klößchen abstechen und
in der Fliederbeerensuppe gar
ziehen lassen.

*N*eben den beliebten Wein-
suppen gab es schon immer
Obstsuppen. Fliederbeeren, auch
Holler- oder Holunderbeeren
genannt, wuchsen und wachsen
häufig wild an Weidenrändern
und in den „Knicks". Sie brauch-
ten nur gepflückt zu werden.
Etwas aufwendig ist es schon,
die reifen Beeren von den Dolden
zu streifen, aber der Genuß ent-
schädigt für die Mühe.

GEBRATENE KUTTERSCHOLLEN

*Entlang der gesamten Nord-
seeküste, aber nicht nur dort,
werden Schollen von den
Fischern angelandet. Fangfrisch
in Speck gebraten sind sie ein
besonderer Genuß. Auch für die-
jenigen, die Fischen gegenüber
ein eher distanziertes Verhältnis
haben. Das feine weiße und delikate Fleisch, auch als Filet im
Handel, sollte nicht zu lange
gebraten werden, damit es nicht
austrocknet.*

4 Schollen
2 EL Zitronensaft
Salz
100 g Mehl
150 g durchwachsener
Räucherspeck
60 g Butterschmalz
20 g Butter
2 Zitronen

Tip:
*In Büsum werden zusätz-
lich Nordsee-Krabben in
dem Speckfett kurz ange-
dünstet und über die
Schollen gegeben.*

Die küchenfertig zubereiteten
Schollen innen und außen mit
Zitronensaft einreiben und mit
etwas Salz bestreuen. Etwa
20 Minuten ziehen lassen.
Danach in dem Mehl wenden.
Den Speck in Würfel schneiden
und in einer Pfanne in dem But-
terschmalz glasig dünsten, dann
herausnehmen und warm stellen.
Die Schollen in dem Speckfett je
Seite etwa 4 Minuten braten.
In einer zweiten Pfanne die Butter
mit dem ausgelassenen Speck
bräunen und beim Anrichten
über die Schollen gießen. Mit
Zitronenvierteln garniert servie-
ren. Als Beilage passen kleine
Pellkartoffeln, Salzkartoffeln oder
Kartoffelsalat.

AAL GRÜN AUF NORDFRIESISCHE ART

1 kg grüner Aal
3 EL Zitronensaft
Salz
5 weiße Pfefferkörner
2 Lorbeerblätter
⅛ Liter Weinessig
1 Bund Suppengrün
1 große Zwiebel
⅛ Liter trockener
Weißwein
3 EL gehackter Dill
30 g Butter
30 g Mehl
1 Eigelb
120 g saure Sahne
weißer Pfeffer
Zucker
3 EL gehackte Petersilie

Tip:
*Eine ganz andere
Geschmacksvariante ent-
steht, wenn anstelle des
Weins ein herbes Pils
genommen wird. In dem
Fall weniger Weinessig
nehmen.*

Den küchenfertigen Aal häuten und mit dem Zitronensaft beträufelt etwa 20 Minuten ziehen lassen. Mit Salz bestreuen und weitere 10 Minuten ziehen lassen. In der Zwischenzeit ½ Liter Wasser mit 1 Teelöffel Salz, den Pfefferkörnern, den Lorbeerblättern, dem Essig, dem geputzten, grob zerkleinerten Suppengrün und der geschälten, geviertelten Zwiebel aufkochen. Den Aal, den Wein und den Dill dazugeben und bei geringer Hitze etwa 20 Minuten köcheln lassen. Danach den Aal herausnehmen, in nicht zu große Portionsstücke schneiden und warm stellen. Den Sud durch ein feines Sieb in einen Topf passieren.
Aus der Butter, dem Mehl und dem Fischsud eine Mehlschwitze bereiten. Die Sauce mit dem Eigelb und der Sahne verrühren und mit Salz, Pfeffer und Zucker abschmecken. Die Petersilie unterrühren und die Aalstücke dazugeben.
Als Beilage werden Pell- oder Petersilienkartoffeln und Gurkensalat gereicht.

Der „gröne Aal" gehört in Schleswig-Holstein einfach dazu, er ist aus der Palette der Gerichte des Landes nicht wegzudenken. Früher schwor man sogar darauf, daß er Glück und reichen Kindersegen bringe. Nicht zuletzt deshalb war er auch als Hochzeitsessen beliebt und begehrt.

SEEZUNGENFILETS BÜSUMER ART

*I*m Büsumer Hafen werden nicht nur Krabben, Schollen, sondern auch die delikaten Seezungen fangfrisch gefrostet oder direkt ab Kutter verkauft. Seezunge ist ein kostbarer Speisefisch, eine Plattfisch-Art, noch zarter und feiner als die Scholle. Durch Überfischung ist der Bestand leider zurückgegangen, die Fänge sind nicht mehr so groß wie einst. Nicht zuletzt deshalb, und weil von Feinschmeckern geschätzt und begehrt, ist der Fisch nicht ganz billig.

Zum Boßeln, dem an der Westküste verbreiteten Sport, wird das Feld vorbereitet. Wo die pfundschwere, mit Blei ausgegossene Holzkugel auftrifft, muß zu erkennen sein.

4 Seezungenfilets
(à ca. 150 g)
80 g Butter
4 EL trockener Weißwein
1 Zwiebel
80 g Mehl
½ Liter Fischfond
¼ Liter Milch
100 g Krabbenfleisch
2 cl Weinbrand

Die Seezungenfilets, 20 Gramm Butter, den Wein und die geschälte und kleingeschnittene Zwiebel in einen Topf geben und bei geringer Hitze in etwa 8 Minuten gar ziehen lassen. Für die Sauce die restliche Butter zerlassen, das Mehl einrühren und goldgelb andünsten. Den Fischfond und die Milch einrühren und etwa 10 Minuten köcheln lassen.
Das Krabbenfleisch in einer Pfanne erhitzen, mit dem Weinbrand übergießen und anzünden. Kurz abbrennen lassen, die Flamme mit einem Deckel löschen. Die Filets mit den Krabben bedecken, die Sauce darüber geben und sofort servieren.
Als Beilage paßt Tomatenreis.

TÖNNINGER AAL IN GELEE

1 Ei
¼ Liter Essig
¼ Liter trockener
Weißwein
1 Zwiebel
10 Pimentkörner
10 weiße Pfefferkörner
1 TL Salz
2 Möhren
1 kg grüner Aal
1 Eiweiß
12 Blatt Gelatine

Das Ei in 8 bis 10 Minuten hart kochen, schälen und abkühlen lassen.

Den Essig mit dem Wein und ¾ Liter Wasser vermischen, mit der geschälten ganzen Zwiebel, den Piment- und Pfefferkörnern, dem Salz und den geputzten, unzerkleinerten Möhren aufkochen und etwa 5 Minuten ziehen lassen. Den küchenfertigen Aal enthäuten, in etwa 5 Zentimeter lange Stücke schneiden und in den Sud geben. Bei geringer Hitze in etwa 15 Minuten gar ziehen lassen.

Die Aalstücke in dem Sud erkalten lassen, dann herausnehmen und in eine längliche Terrine legen. Die Brühe durch ein Sieb in einen Topf passieren und mit dem leicht geschlagenen Eiweiß unter Rühren aufkochen. Erneut durch ein Sieb in einen Topf passieren.

Die Möhren und das hartgekochte Ei in Scheiben schneiden und auf die Aalstücke in der Form legen. Die Gelatine kalt einweichen und in der heißen Brühe lösen – pro Liter Flüssigkeit etwa 12 Blatt Gelatine, dann leicht abkühlen lassen und über die Aalstücke gießen. Kühl stellen und nach dem Erstarren in Scheiben schneiden.

*A*al in allen Variationen erfreut sich großer Beliebtheit. Um den Segen der Meere und Flüsse länger haltbar zu machen, verfielen die Köchinnen schon bald auf das Einlegen. So konnte auch noch Wochen nach dem Fang, so sie ausreichend kühl aufbewahrt worden waren, von den sättigenden und sehr gut mundenden Aalen ein Stück als Beilage genossen werden.

HELGOLÄNDER FISCHGULASCH

500 g Fischfilet
(z.B. Kabeljau, Schellfisch,
Rotbarsch oder Seelachs)
Salz
weißer Pfeffer
Saft von 1 Zitrone
500 g Kartoffeln
1 Bund Frühlingszwiebeln
2 EL Butter
1/8 Liter trockener
Weißwein
1/8 Liter Fischfond
1 Lorbeerblatt
5 weiße Pfefferkörner
3 Wacholderbeeren
1 Salatgurke
1 Bund Dill
100 g Crème fraîche

Das Fischfilet in mundgerechte Würfel schneiden, mit Salz und Pfeffer bestreuen und mit Zitronensaft beträufelt etwa 10 Minuten ziehen lassen.
In der Zwischenzeit die Kartoffeln schälen und in Würfel schneiden. Die Frühlingszwiebeln in Ringe schneiden und in einem großen Topf in der erhitzten Butter andünsten. Die Kartoffeln dazugeben und mit dünsten. Danach den Weißwein und den Fischfond angießen, das Lorbeerblatt, die Pfefferkörner und die Wacholderbeeren hinzufügen. Alles zugedeckt bei geringer Hitze etwa 10 Minuten köcheln lassen.
Die Gurke längs halbieren, die Kerne entfernen, das Fruchtfleisch in Stücke schneiden und mit dem Fisch zu den Kartoffeln geben. Etwa 10 Minuten bei geringer Hitze ziehen lassen. Einige Zweige Dill zum Garnieren beiseite legen, den Rest fein hacken. Zum Schluß die Crème fraîche unterrühren, das Fischgulasch mit Salz, Pfeffer und gehacktem Dill abschmecken, mit einigen Dillzweigen garniert servieren.

Auf dem roten Felsen gibt es kaum Vieh, da der Boden sich nicht für die Landwirtschaft eignet. Seit Urzeiten mußten die Bewohner also das essen, was das Meer hergab. Sie entwickelten zahlreiche Gerichte, die wir heute als Klassiker bezeichnen, obwohl sie einst nur Alltagskost waren und erst durch Gewürze, die sich die Bewohner früher nicht leisten konnten, richtig schmackhaft wurden.

HUSUMER KRABBENRAGOUT

12 kleine Tomaten
1 große Zwiebel
1 TL Butter
1 Stück Sellerie
1 Knoblauchzehe
$\frac{1}{2}$ TL getrockneter
Thymian
4 EL gehackte Petersilie
1 Lorbeerblatt
Salz
schwarzer Pfeffer
etwa 1 Messerspitze
Cayennepfeffer
500 g Nordsee-Krabben-
fleisch

Die Stielansätze der Tomaten herausschneiden. Die Tomaten mit kochendem Wasser überbrühen, enthäuten und im eigenen Saft in einer Pfanne andünsten. Die geschälte Zwiebel fein hacken und in einer zweiten Pfanne in der Butter goldgelb andünsten, die Tomaten dazugeben und schmoren lassen. Den fein gehackten Sellerie, die zerdrückte Knoblauchzehe, den Thymian, die Petersilie und das zerbröselte Lorbeerblatt dazugeben. Mit Salz, Pfeffer und einer Prise Cayennepfeffer – vorsichtig dosieren! – abschmecken. Die Krabben dazugeben und alles etwa 10 Minuten bei geringer Hitze gar ziehen lassen.
Als Beilage Butterreis und ein kühles Pils servieren.

Die Krabbenflotte des Husumer Hafens brachte in guten Jahren reiche Ernte an Land. Es gab so viele Krabben, daß einfach neue Rezepte für die Verwendung kreiert werden mußten. Zerhackt als Krabbenfrikadelle, gekocht, geschmort, gebraten – alles wurde mit den heute so geschätzten Krabben „angestellt". Aus der Zeit der üppigen Fänge stammt das Rezept für dieses Ragout: das Gemüse aus den Gärten mit dem Segen des Meeres kombiniert.

Salzhering Laboer Art

4 Salzheringe
20 frische Miesmuscheln
Salz
¼ Liter trockener
Weißwein
2 Zwiebeln
1 Lorbeerblatt
4 Nelken
1 Bund Suppengrün
weißer Pfeffer
150 g frische
Champignons
200 g Krabbenfleisch
40 g Butter

Für die Sauce:
100 g Butter
3 Eigelb
⅛ Liter Fischfond
Salz
schwarzer Pfeffer

Zum Garnieren:
1 unbehandelte Zitrone
einige Stiele Petersilie

Die Salzheringe ausnehmen, die Haut abziehen und filetieren. Die Filets einige Stunden wässern. Die Miesmuscheln gründlich unter kaltem Wasser abbürsten, den Bart entfernen. Die Muscheln in Salzwasser garen, bis alle Muschelschalen geöffnet sind, danach das Muschelfleisch aus den Schalen lösen. Muscheln, die sich nicht geöffnet haben, wegwerfen!
Den Wein mit 1 Liter Wasser, den geschälten, grob zerkleinerten Zwiebeln, dem Lorbeerblatt, den Nelken und dem geputzten, grob gehackten Suppengrün etwa 10 Minuten kochen, mit Salz und weißem Pfeffer würzen, dann durch ein Sieb passieren.
Die Filets und das Muschelfleisch in den Weinsud legen und bei geringer Hitze etwa 6 Minuten ziehen lassen, nicht kochen. Die Filets und die Muscheln aus dem Sud nehmen und warm stellen.
Die Champignons in dünne Scheiben schneiden und mit dem Krabbenfleisch in der Butter andünsten. Mit etwas Salz und weißem Pfeffer würzen.
Für die Sauce die Butter zerlassen. Die Eigelbe mit etwas Fischfond verquirlen und im Wasserbad cremig rühren. Nach und nach die zerlassene Butter hineinträu-
feln, dann den restlichen Fischfond einrühren und die Sauce mit Salz und schwarzem Pfeffer abschmecken.
Das Krabben-Champignon-Gemisch über die Filets mit den Muscheln geben, etwas Sauce darüber geben und mit Zitronenscheiben und Petersilie garniert servieren.
Zu den Heringen kleine, mit Dill bestreute Pellkartoffeln reichen.

Heringe waren Alltagskost, es gab sie einst in Hülle und Fülle. Zu unzähligen Rezepten, überlieferten und neuen, haben sie angeregt. Die hier vorgeschlagene Zubereitungsart ist dazu geeignet, auch Feinschmecker zu begeistern, denn allerbeste Zutaten, kombiniert mit den Heringen, heben dieses Gericht weit über „gewöhnlichen" Fisch heraus.

SCHELLFISCH AUF PORREE

800 g küchenfertiger
Schellfisch
Salz
schwarzer Pfeffer
3 EL Zitronensaft
3 EL Butter
100 g Zwiebeln
1 Knoblauchzehe
300 g Porree (Lauch)
1 gelbe Paprikaschote
400 g Kartoffeln
1/8 Liter trockener
Weißwein
2 EL Butter zum Belegen
1 EL gehackte Petersilie

Tip:
*Auf gleiche Art können
auch frische Makrelen
zubereitet werden. Dazu
paßt ein trockener Ries-
ling oder ein herbes Pils.*

Den gesäuberten Fisch innen und
außen mit Salz und Pfeffer einreiben, die Bauchhöhle zusätzlich
mit etwas Zitronensaft beträufeln
und zugedeckt etwa 30 Minuten
ziehen lassen.
Eine feuerfeste Form mit der Butter ausstreichen. Die geschälten
Zwiebeln würfeln, den Knob-
lauch durch die Presse drücken
oder ganz fein zerkleinern.
Beides auf dem Boden der Form
verteilen.
Den geputzten Porree in Ringe,
die gewaschene Paprikaschote in
Streifen und die geschälten Kartoffeln in Scheiben schneiden.
Das Gemüse in die Form legen,
mit Salz und Pfeffer bestreuen
und im Backofen bei mittlerer
Hitze in etwa 30 Minuten halb
gar backen.
Dann den Fisch auf das Gemüse
legen, den Wein angießen und
den Fisch mit Butterflöckchen
belegen. Im Backofen etwa
30 Minuten fertig garen. Mit der
Petersilie bestreut servieren.

*Hin und wieder findet man
den in der Ostsee häufigen
Schellfisch auch als Angelschell-
fisch im Angebot. Und tatsächlich, die Fische werden von den
Fischern des Ortes Maasholm,
direkt an der Schlei-Mündung,
geangelt und nicht per Netz an
Land gezogen. Dazu folgen sie
mit ihren Booten den Fisch-
schwärmen und werfen die
Angeln aus. So kann es nicht verwundern, daß in dieser Region
Schellfisch auch geräuchert angeboten wird.*

HERINGSKOTELETTS

*F*rüher fand sich in bald jedem Hauptgericht der Küstenbewohner Hering. Zu den Rezepten, die vom Üblichen abweichen, gehören die Heringskoteletts, die etwas vortäuschen sollten, was es nicht gab, nämlich Fleisch, das für den einfachen Bürger meist zu teuer war.

2 Salzheringe
1 Liter Buttermilch
1 Bund Petersilie
1 Zwiebel
1 EL Butter
1 Ei
2 altbackene Brötchen
2 EL saure Sahne
schwarzer Pfeffer
2 EL Semmelbrösel
2 EL Butterschmalz

Tip:
Ein schnelles und preiswertes Gericht, zu dem Pellkartoffeln und frischer Salat der Saison passen.

Die Heringe gut 12 Stunden in der Buttermilch einlegen, danach enthäuten, die Köpfe und Flossen abschneiden, dann filetieren.
Die Filets und die Petersilie fein hacken, zusammen mit der geschälten und sehr fein zerkleinerten Zwiebel, der Butter, dem Ei sowie den in Wasser eingeweichten und ausgedrückten Brötchen gut verkneten. Danach die saure Sahne untermischen und mit Pfeffer abschmecken. Etwa handtellergroße flache Frikadellen formen. Diese mit den Semmelbröseln panieren und in dem heißen Butterschmalz goldbraun braten.

MUSCHELN SYLTER ART

1 kg Miesmuscheln
¼ Liter trockener
Weißwein
4 Lorbeerblätter
20 weiße Pfefferkörner
½ TL Senfkörner
4 Gewürznelken
1 TL Salz
1 Messerspitze schwarzer
Pfeffer
1 Messerspitze Zucker
1 große Zwiebel
1 Bund Suppengrün
1 Eigelb
⅛ Liter süße Sahne
3 EL gehackter Dill

Tips:
*Die Muscheln werden
übrigens mit den Fingern
gegessen. Das Fleisch aus
einer Schale herausneh-
men und diese wie eine
Pinzette zum Herauslösen
des Fleisches aus anderen
Muscheln verwenden.
Zum Abschluß einen
kalten Korn reichen.*

Die Muscheln gut säubern und
den Bart entfernen. Gut 1 Liter
Wasser in einem hohen Topf mit
dem Wein und den Gewürzen,
der geschälten, grob zerkleinerten Zwiebel und dem geputzten,
gehackten Suppengrün zu einem
Sud kochen.

Die Muscheln hineingeben und
zugedeckt bei starker Hitze etwa
15 Minuten kochen. Den Topf
zwischendurch hin und wieder
schütteln, damit alle Muscheln
gleichzeitig gar werden. Wenn
sich alle Muscheln geöffnet
haben, aus dem Topf nehmen
und warm stellen. Nicht geöffnete
Muscheln wegwerfen.

Den Sud durch ein Sieb in einen
Topf passieren, aufkochen und
mit dem Eigelb und der Sahne
binden. Den Dill unterrühren.
Die Sauce mit Salz und Pfeffer
abschmecken, die Muscheln hineingeben und in der Sauce
servieren.

Frisches Roggenbrot mit Butter
oder geröstetes Weißbrot passen
als Beilage ideal.

*Die Miesmuscheln, die über-
wiegend vor der Nordsee-
küste in Kulturen herangezogen
und im Herbst geerntet werden,
sind nur in den Monaten mit „r"
im Handel, also von September
bis Ende April. Ihr schmackhaftes
Fleisch ist dann eine willkommene
Speise für jeden Liebhaber von
Meeresfrüchten. Unter den zahlreichen Rezepten für die Zubereitung sind die Muscheln Sylter Art
ein absoluter Klassiker.*

SÜSS-SAUER GEFÜLLTE SCHWEINEBRUST

1 kg Schweinebrust
Salz
300 g säuerliche Äpfel
250 g entsteinte
Backpflaumen
Zucker
1 EL Paniermehl
2 Eigelb
40 g Butterschmalz

Für das Gemüse:
750 g Rotkohl
1 Apfel
1 Zwiebel
1 Nelke
1 EL Zucker
1 EL Essig
40 g Butterschmalz
3 EL Johannisbeergelee

Tip:
Salz- oder Petersilienkar-
toffeln als Beilage runden
das Gericht ab.

In die Schweinebrust seitlich
eine tiefe Tasche schneiden, die
Schwarte rautenförmig einschnei-
den und das Fleisch rundum
leicht salzen.
Die Äpfel schälen, entkernen und
in Achtel schneiden. Die Backpflaumen und die Äpfel leicht
überzuckern, mit dem Paniermehl bestreuen, mit dem Eigelb
gut vermischen. Die Mischung in
die Tasche einfüllen. Die Öffnung
mit einem Holzstäbchen ver-
schließen.
Das Butterschmalz in einer Pfanne erhitzen und das Fleisch darin
anbraten. Dann die Schweinebrust im Backofen in einem
Bräter bei mittlerer Hitze etwa
1½ Stunden braten, zuerst mit
der Schwarte nach unten. Nach
der Hälfte der Zeit wenden und
die Schwarte ab und zu mit
kaltem Salzwasser bestreichen.
Für das Gemüse: Den Rotkohl in
Streifen schneiden, den Apfel
grob raspeln, die Zwiebel schälen
und fein schneiden. Mit der
Nelke, dem Zucker und dem Essig
in dem heißen Butterschmalz,
dem etwa fingerhoch Wasser hin-
zugegeben wurde, 15 Minuten
schmoren. Mit Johannisbeergelee
abschmecken und weitere
15 Minuten dünsten. Mit der
Schweinebrust servieren.

*L*udwig Uhland dichtete einst:
„Ihr Freunde, keiner tadle
mich, daß ich vom Schweine
singe: es knüpfen Kraftgedanken
sich oft an geringe Dinge.“
Niedrig geachtet war das Borsten-
vieh im Norden nie. Selbst die
Schweinebrust, heute kein so
begehrtes Teilstück, galt früher
als Sonntagsbraten – ob süß mit
Backpflaumen oder, ganz dem
Geschmack vieler „Nordlichter"
gemäß, eher sauer mit Äpfeln
gefüllt.

FESTTAGSGANS

Für 6–8 Personen

1 küchenfertige Gans
(ca. 4–5 kg)
schwarzer Pfeffer
Salz
250 g säuerliche Äpfel
250 g entsteinte
Backpflaumen
2 EL Semmelbrösel
1 TL Puderzucker
½ Liter Geflügelbrühe
2 EL Speisestärke

Tip:
In der klassischen Zubereitung gehören Apfelmus, Rotkohl und Salzkartoffeln zu den Beilagen.

Variation:
Berühmt ist die „Lübsche Füllung" der Lübecker Hausfrauen, zubereitet aus 125 Gramm gewässerten und gequollenen Rosinen, die zusammen mit 500 Gramm säuerlichen Apfelwürfeln in 1 Eßlöffel Gänse- oder Schweineschmalz angedünstet werden. Die Früchte werden mit 2 cl Cognac, 250 Gramm Weißbrotwürfeln, etwas Salz und ¼ Teelöffel Zimtpulver sowie ¼ Liter trockenem Weißwein gut vermischt und zu einer geschmeidigen Füllmasse verknetet.

Die Gans innen und außen mit Pfeffer und Salz einreiben.
Für die Füllung die geschälten, entkernten und gewürfelten Äpfel mit den halbierten Backpflaumen, den Semmelbröseln, dem Puderzucker und etwas Salz und Pfeffer gut vermischen.
Die Gans mit der Masse füllen, mit Küchengarn zunähen und mit dem Rücken nach oben auf den Rost des Backofens über die Fettpfanne legen. Bei 180 °C 1 Stunde braten. Die Gans umdrehen.
Unter häufigem Begießen mit dem Bratfett und der Brühe in etwa 1½ Stunden gar braten.
10 Minuten vor Ende der Garzeit die Gans mehrfach mit etwas kaltem Salzwasser begießen, dabei die Ofentür offenstehen lassen, damit sie gut bräunt.
Wenn sie fertig ist, herausnehmen und etwa 10 Minuten warm gestellt ruhen lassen, danach tranchieren.
Den Bratensatz durch ein Sieb in einen Topf passieren, entfetten, mit der Speisestärke binden und mit Salz und Pfeffer abschmecken.

Die Gans als Braten nahm schon immer eine Sonderstellung ein. Sie war und ist sozusagen der Inbegriff des guten Essens in allen Landesteilen und durfte weder bei einer Hochzeit noch zu Weihnachten fehlen. Mit allerlei Füllungen versehen, bildete sie den Mittelpunkt eines Mahles und stellte andere Braten in den Schatten. Um Gänse zu konservieren, wurden sie gekocht, angebraten und in reichlich Schmalz in „Kruken", großen irdenen Töpfen, monatelang aufbewahrt.

HOLSTEINER SELLERIEKARTOFFELN

Für 6 Personen

1 kg Kartoffeln
800 g Knollensellerie
Salz
200 g fetter Räucherspeck
400 g durchwachsener
Räucherspeck
4 Zwiebeln
schwarzer Pfeffer

Tip:
*Genügend trinken, damit
das Gericht noch besser
„rutscht", vielleicht ein
kühles Pils und als
Abschluß einen eiskalten
Korn.*

Die Kartoffeln und den Sellerie
waschen, schälen und in Würfel
schneiden. Danach zusammen in
Salzwasser gar kochen.
Beide Specksorten in kleine
Würfel schneiden und gemein-
sam mit den geschälten, gewürfelten Zwiebeln in einer Pfanne
braten, bis die Zwiebeln goldgelb
sind. Mit etwas frisch gemahlenem Pfeffer würzen.
Wenn die Kartoffeln gar sind,
abgießen. In tiefe Teller jeweils
eine Portion von dem Kartoffel-
Sellerie-Gemisch und darauf von
der Zwiebel-Speck-Sauce geben.

*Nach der Einführung der Kar-
toffel in Schleswig-Holstein
ersetzte sie schon bald die Grütze
als Hauptnahrungsmittel. Dies
zumindest, nachdem sie auch
von bäuerlichen Kleinbetrieben
angebaut wurde. Und damit
diese neue Speise nicht bald zu
eintönig werde, ersannen die
Frauen zahlreiche Gerichte, die
für Abwechslung sorgten.
Fleisch, knapp und teuer, wurde
durch allerlei selbstgezogenes
Gemüse ersetzt. Zu den am
meisten verbreiteten Gerichten
zählten schon bald die Sellerie-
kartoffeln. Vielleicht auch, weil
dem Sellerie besondere leistungs-
steigernde Eigenschaften nach-
gesagt werden ...*

NORDFRIESISCHER LAMMTOPF

400 g Lammfleisch
aus der Schulter
1 EL Butterschmalz
400 g Weißkohl
1 Bund Suppengrün
2 Zwiebeln
125 g Langkornreis
1½ Liter Fleischbrühe
2–3 EL Tomatenmark
1 TL Currypulver
Salz
schwarzer Pfeffer
1 TL Zucker
1 Tomate
3 EL gehackte Petersilie

Tip:
*Das Gericht sollte sehr
heiß serviert werden.
Besonders dekorativ wirkt
es in einem Tontopf oder
einer gußeisernen Form.*

Das Fleisch in mundgerechte Würfel schneiden. Das Butterschmalz in einer Pfanne erhitzen und die Fleischwürfel darin rundum kräftig anbraten, dann aus der Pfanne nehmen.
Den Weißkohl in Streifen schneiden, das geputzte Suppengrün zerkleinern, die geschälten Zwiebeln in grobe Würfel schneiden. Das Fleisch in eine feuerfeste Form füllen und schichtweise die Weißkohlstreifen und den Reis darüber geben. Danach Zwiebeln und Suppengrün einfüllen.
Die Fleischbrühe erhitzen und mit dem Tomatenmark, dem Curry, Salz, frisch gemahlenen Pfeffer und etwas Zucker würzen. Danach die Brühe in die Form über das Fleisch und Gemüse gießen. Alles bei geringer Hitze im Backofen etwa 1 Stunde köcheln lassen. Nicht umrühren. Die Tomate waschen, vom Stielansatz befreien und in 3 bis 4 Stücke teilen. Wenn das Gericht gar ist, mit den Tomatenstücken und der Petersilie belegt in der Form servieren.

Wie die Dithmarscher mit ihrem Lamm-Bohnen-Eintopf kreierten die Nordfriesen ein eigenes Gericht, das schon bald an der ganzen Küste Verbreitung fand. Der kulinarische Wert war zumindest in frühen Zeiten zweifelhaft, denn geschlachtet wurden meist die ganz alten Tiere, die weder zur Zucht noch zum Ablammen genügten. Lämmer, wie wir sie heute verzehren, wurden nur in Ausnahmefällen geschlachtet. So kann es nicht verwundern, daß der „alte Hammel" bei den Älteren nicht in bester Erinnerung blieb.

SÜLTFARKEL –
SAUERFLEISCH

500 g ausgelöster
Schweinenacken
2 Schweinepfoten
Salz
6 schwarze Pfefferkörner
2 Zwiebeln
2 kleine Lorbeerblätter
150 ml Essig
12 Blatt Gelatine

Tip:
*Wer das etwas fettere
Nackenfleisch nicht mag,
kann ausgelöstes Kotelett
nehmen.*

Das Fleisch in größere Stücke
schneiden und mit den Schweinepfoten, Salz, den Pfefferkörnern,
den geschälten, in Ringe geschnittenen Zwiebeln und den Lorbeerblättern in einen Topf geben,
knapp mit Wasser bedecken und
mit dem Essig etwa 45 Minuten
kochen. Die Gelatine in reichlich
Wasser einweichen.
Wenn das Fleisch gar ist, herausnehmen und in eine tiefe
Schüssel legen. Von den Pfoten
die Knochen auslösen, das
Fleisch würfeln und ebenfalls in
die Schüssel geben.
Den Kochsud durch ein feines
Sieb in einen Topf passieren, mit
der gut ausgedrückten Gelatine
erhitzen und über das Fleisch
gießen. Die Sülze erstarren lassen,
dann in Scheiben schneiden.
Zu den klassischen Beilagen
zählen Bratkartoffeln und grüner
Salat.

*Aus der Not, Fleisch für länge-
re Zeit zu konservieren und
außer Pökel- und Räucherfleisch
nach dem Schlachten noch etwas
anderes herzustellen, wurde mit
dem Sültfarkel eine Tugend
gemacht. Gut zubereitetes, sauer
eingelegtes, nicht zu mageres
Schweinefleisch ist ein Genuß zu
kernigem Landbrot oder – wie im
Norden üblich – zu Bratkartoffeln. Fast jede Hausfrau und
Gaststätte hat ein eigenes überliefertes Rezept. Da heißt es
wirklich, probieren geht über
studieren.*

KATENSCHINKEN, SPARGEL UND BACKKARTOFFELN

750 g neue Kartoffeln
2 EL Pflanzenöl
Salz
1 unbehandelte Zitrone
1,25 kg frischer Spargel
120 g Butter
1 EL Zucker
12 dünne Scheiben
Holsteiner Katenschinken
(ca. 500 g)
2 EL gehackter Dill
2 EL gehackte Petersilie
1 Packung Kresse

Tip:
Schafs- oder Ziegenbutter anstatt der normalen Butter, leicht erhitzt und zerlassen, ist eine delikate Ergänzung.

Die Kartoffeln waschen, längs halbieren, die Schnittflächen mit Öl bepinseln und gleichmäßig mit Salz bestreuen. Ein Backblech dünn mit Öl bestreichen, die Kartoffeln mit der Schnittfläche nach oben darauf setzen und im Backofen bei mittlerer Hitze je nach Größe etwa 35 bis 40 Minuten backen.

In der Zwischenzeit die Zitrone waschen, abtrocknen und in Scheiben schneiden. Den geputzten Spargel in etwa 2 Liter leicht gesalzenem Wasser mit 2 Eßlöffeln Butter, den Zitronenscheiben und dem Zucker zum Kochen bringen. Bei geringer Hitze etwa 15 bis 18 Minuten garen.

Danach aus dem Wasser nehmen und gut abtropfen lassen. Etwa 3 Eßlöffel Butter schmelzen, den Spargel darin schwenken und warm stellen. Die restliche Butter – oder gegebenenfalls die Schafs- oder Ziegenbutter, siehe Tip – in einem kleinen Topf schmelzen, aber nicht bräunen. Die Kartoffeln, den Spargel und den Schinken auf vorgewärmten Tellern mit Dill, Petersilie und Kresse bestreut sowie der flüssigen Butter als Sauce servieren.

Zu Recht wurde er berühmt und wird stets viel gepriesen, der Holsteiner Katenschinken: mild geräuchert, herrlich duftend, kräftig rot – einfach delikat. Im Holsteinischen findet man heute zahlreiche Räuchereien, die in alten Katen Hunderte von Schinken in aller Ruhe nach dem Pökeln im Rauch reifen lassen. Der Duft läßt einem schon vor der Tür das Wasser im Munde zusammenlaufen.

Gefüllter Kohlkopf Dithmarscher Art

1 großer Kopf Wirsingkohl
Salz
700 g Räucherspeck
1 Lorbeerblatt
5 Pimentkörner
1 Zwiebel
60 g Schmalz
50 g Mehl
schwarzer Pfeffer
¼ TL Zucker
1 Messerspitze geriebene
Muskatnuß
200 g saure Sahne

Den Strunk aus dem Kohlkopf schneiden. Den Kohl in Salzwasser etwa 10 Minuten lang kochen. Den Räucherspeck durch die mittlere Scheibe des Fleischwolfs drehen und beiseite stellen. Den Kohl herausnehmen, abtropfen lassen, halbieren, die inneren Herzblätter herauslösen. In die Aushöhlung den durchgedrehten Räucherspeck füllen.

Den Kohlkopf wieder zusammenfügen, mit Küchengarn umwickeln, in Salzwasser mit dem Lorbeerblatt, den Pimentkörnern und der geschälten Zwiebel aufsetzen, die ausgelösten Herzblätter dazugeben und bei mittlerer Hitze in 1½ bis 2 Stunden weich kochen. Den Kohl herausnehmen und warm stellen.

In einem zweiten Topf das Schmalz zerlassen, das Mehl dazugeben und goldgelb rösten. Dann das Mehl unter ständigem Rühren mit dem Schneebesen in die Kohlbrühe geben. Mit Salz, Pfeffer, Zucker und Muskatnuß abschmecken und weitere 10 Minuten köcheln lassen. Zum Schluß die saure Sahne unterrühren.

Den Kohlkopf auf einer Platte anrichten, das Küchengarn entfernen, und die Sauce darüber geben.

In Dithmarschen, wo die Kohlfelder oft fast bis zum Horizont reichen, wird Kohl nicht nur angebaut, sondern auch verzehrt: in Suppen und Eintöpfen und als Kohlrouladen mit Weiß- oder Rotkohl. Der Rohstoff Kohl war sogar nach dem Krieg ein „Überlebensmittel" in ganz Deutschland. Seinen einstigen Ruf als billiger Sattmacher hat dieses Gemüse lange hinter sich gelassen, wie unser Rezept mit Nachdruck beweist.

BUCHWEIZENPFANNKUCHEN
SPECKPFANNKUCHEN

BUCHWEIZENPFANN-
KUCHEN
500 g Buchweizenmehl
½ Liter kalter schwarzer
Tee
3 Eier
Salz
1 EL Zucker
200 g Räucherspeck
2 EL Butterschmalz

SPECKPFANNKUCHEN
3 Eier
50 g Mehl
¼ Liter Milch
Salz
40 g Butterschmalz
150 g Räucherspeck in
dünnen Scheiben

BUCHWEIZENPFANNKUCHEN
Das Buchweizenmehl mit dem
Tee, den Eiern, einer Prise Salz
und dem Zucker zu einem glatten
Teig rühren. Diesen bei Zimmer-
temperatur mehrere Stunden
zugedeckt ausquellen lassen.
Den Speck kleinwürfeln. Das Butterschmalz in kleinen Portionen
in einer Pfanne erhitzen. Jeweils
etwa 1 Eßlöffel Speckwürfel dazugeben, kurz anbraten, dann etwas
Teig darüber gießen und von
beiden Seiten knusprig backen.
Besonders lecker schmecken die
Buchweizenpfannkuchen mit
Bickbeermus (Heidelbeermus).

*In Ostfriesland heißen diese
köstlichen Pfannkuchen „Book-
weetenschubber". Früher kamen
sie aber auch in Nordfriesland
und anderen Teilen Schleswig-
Holsteins sonnabends nach geta-
ner Wochenarbeit auf den Tisch.
Wichtig für den guten Geschmack
und Duft des „Pannkokens" ist
kerniger Speck oder Schinken in
ausreichender Menge. Das macht
den Schubber zwar nicht unbedingt leichter verdaulich, aber
geschmacklich einmalig.*

SPECKPFANNKUCHEN
Die Eier trennen. Das Mehl mit
der Milch, dem Eigelb und etwas
Salz zu einem glatten Teig verrühren. Diesen zugedeckt etwa
15 Minuten quellen lassen.
Das Eiweiß zu steifem Schnee
schlagen und portionsweise unter
den Teig heben.
Das Butterschmalz portionsweise
in einer Pfanne erhitzen und
darin nach und nach einige
Speckscheiben von beiden Seiten
anbraten, dann etwas Teig darüber gießen und von beiden Seiten goldgelb backen.
Knackig frischer grüner Salat
schmeckt besonders gut zu den
Speckpfannkuchen. Aber auch
etwas Sauerrahm, mit Salz und
Pfeffer gewürzt, paßt dazu.

*Zu einem zünftigen Speck-
pfannkuchen gehört, auch
wenn reichlich Speck einge-
backen wird, nach dem nörd-
lichen Geschmack Sirup, der aus
Rüben gewonnen wird. So verfeinert gelten die Pfannkuchen
als Sonntagsmahlzeit.*

GRÜNKOHL UND SÜSSE RÖSTKARTOFFELN

Für 6 Personen

2 kg frischer Grünkohl
1 große Gemüsezwiebel
100 g Schmalz
5 EL Haferflocken
Salz
¾ Liter Fleischbrühe
800 g kleine runde
Kartoffeln
500 g geräucherte
Kochwurst im Naturdarm
500 g frische Mettwurst
im Naturdarm
1 EL Puderzucker
2 EL Pflanzenöl
schwarzer Pfeffer
1 EL Zucker
1 Messerspitze geriebene
Muskatnuß

Tip:
*Zu diesem deftigen Essen,
das mit Schweineschmalz
am schmackhaftesten
wird, paßt Bier – und für
den, der ihn mag, ein oder
mehrere Korn.*

Variation:
*Außer den Würsten kann
man auch Kasseler
Koteletts, geräucherte
Schweinebacke und einige
Kochbirnen als Beilagen
mitkochen.*

Den Grünkohl von Stielen und Strünken befreien und grob hacken. Die Gemüsezwiebel schälen und fein hacken. Das Schmalz in einem großen Topf erhitzen, die Zwiebelwürfel unter Rühren bei mittlerer Hitze glasig dünsten, dann den Grünkohl dazugeben. Die Haferflocken, Salz und die Brühe dazugeben und 1 Stunde zugedeckt bei geringer Hitze unter gelegentlichem Rühren dünsten.
In der Zwischenzeit die Kartoffeln in der Schale in Salzwasser garen, abpellen und abkühlen lassen. Die Würste auf den Grünkohl legen und noch 30 Minuten auf kleiner Flamme unter gelegentlichem Umrühren köcheln lassen.
Etwa 15 Minuten vor Ende der Garzeit eine Pfanne erhitzen, den Puderzucker einstreuen und karamelisieren lassen. Das Öl dazugießen, umrühren und die Kartoffeln darin anbraten. Mit Salz, Pfeffer, Zucker und Muskatnuß abschmecken.
Den Kohl ebenfalls mit Salz, Pfeffer, Zucker und Muskatnuß abschmecken und mit den Kartoffeln und Würsten umlegt auf einer Platte anrichten.

Was wäre Norddeutschland, nicht nur Schleswig-Holstein, ohne den Grünkohl, der in Niedersachsen Braunkohl genannt wird. Die Bremer lieben ihn mit Pinkel, die Hamburger mit Kasseler Koteletts und die Schleswig-Holsteiner mit Kochwürsten, geräucherter Schweinebacke, einem deftigen Stück Speck und süßen Kartoffeln. In der Vergangenheit war gerade der Grünkohl Vitaminspender Nummer eins, da es kein anderes Wintergemüse in ausreichenden Mengen gab. Außerdem schmeckt der Kohl ohnehin nach dem ersten Frost erst so richtig.

SCHLESWIGER PÖKELFLEISCH

Das Pökeln von Fleisch ist eine uralte Konservierungsmethode, die in allen Teilen des Landes praktiziert wurde. Das dafür notwendige Salz mußte man in der Regel von den Lübecker Handelsherren kaufen. An der Nordseeküste, jedenfalls vor der großen Sturmflut, wurde das „weiße Gold" durch das Auskochen und Verdunstenlassen von Torf gewonnen. Gerade das friesische Salz war auf der Marsch und der Geest begehrt, weil preiswert.

Das Pökelfleisch wurde stückweise für alle möglichen Gerichte aus den Fässern genommen und sogar in großen Mengen als Schiffsproviant verkauft. Angeblich war es eines der Bestandteile des „typisch" norddeutschen Essens, des Labskaus.

Für 6 Personen

3 kg Rindfleisch aus der Kluft
4 Zwiebeln
4 Lorbeerblätter
8 Nelken

Tip:
Da das Pökeln nicht so ganz einfach ist, sollte einem Schlachter diese Arbeit überlassen werden.

Das Fleisch abwaschen und in reichlich Wasser mit den geschälten, grob zerteilten Zwiebeln, den Lorbeerblättern und den Nelken bei geringer Hitze etwa 3 Stunden kochen. Dann aus dem Kochsud nehmen, in Scheiben schneiden und auf einer großen vorgewärmten Platte anrichten. Als Beilagen zum Pökelfleisch werden Salzkartoffeln, geriebener Meerrettich, eingelegte rote Bete, eingelegte Gurken, süß-saure Kürbisse, Essigpflaumen, Preiselbeeren oder Apfelmus gereicht.

WILDENTEN MIT PILZSAUCE

2 küchenfertige Wildenten
(á ca. 500 g)
Salz
schwarzer Pfeffer
100 g durchwachsener
Räucherspeck
1 große Zwiebel
¼ Liter Fleischbrühe
250 g frische Wiesen-
champignons
125 g saure Sahne
1 Eigelb
1 Bund Petersilie

Tip:
*Sollten keine Wiesencham-
pignons zu bekommen
sein, dann können auch
Kulturpilze oder andere
Waldpilze für die Sauce
genommen werden.*

Die Enten innen kräftig mit Salz
und Pfeffer einreiben. Den Räucherspeck und die geschälte
Zwiebel in Würfel schneiden.
Den Speck in einer Pfanne etwas
ausbraten, dann die Zwiebelwürfel dazugeben und goldgelb
andünsten.
Das Speck-Zwiebel-Gemisch in
einen großen Bräter füllen und
die Enten darin bei starker Hitze
rundum anbraten. Die Hitze
reduzieren und die Enten etwa
40 Minuten braten, dabei ab und
zu wenden.
Danach die Fleischbrühe angießen
und die Enten weitere 40 Minuten garen.
Zwischenzeitlich die Champignons waschen und putzen,
größere Pilze zerkleinern. Die
Pilze etwa 20 Minuten vor Ende
der Garzeit zu den Enten in den
Bräter geben und mit schmoren
lassen.
Wenn sie gar sind, die Enten aus
dem Bräter nehmen, in Alufolie
einschlagen und warm stellen.
Die saure Sahne, das Eigelb und
die fein gehackte Petersilie in
den Bratenfond rühren und die
Sauce abschmecken.
Die Enten portionieren und auf
einer vorgewärmten Platte
anrichten, die Sauce getrennt
servieren.

*Tausende von Wildenten wur-
den im Laufe eines Jahres in
den sogenannten Vogelkojen entlang den Küsten eingefangen.
Teils verzehrten die Jäger ihren
Fang selber, als Ergänzung des
kargen Speisezettels. Überwiegend aber lieferten sie die Enten
an Höfe und Herrensitze und
natürlich in die Städte gegen bare
Münze. Die Pilzsauce, nur eine
von zahlreichen Saucen, die zu
den Enten gereicht wurden,
entstammt der Holsteinischen
Schweiz. In den dortigen Wäldern finden Sammler noch immer
die Früchte des Waldes, die nach
wie vor eine heiß begehrte Zutat
und Beilage sind.*

HASENRÜCKEN
LÜBECKER ART

1 küchenfertiger Hasen-
rücken (ca. 600 g)
1 EL Estragonsenf
125 g Schinkenspeck in
Scheiben
250 g fetter Räucherspeck
in Scheiben
1 Lorbeerblatt
100 ml Rotwein
120 g saure Sahne
Salz
schwarzer Pfeffer

Tip:
*Wer die Sauce etwas sämi-
ger mag, kann sie vor dem
Servieren noch mit etwas
Speisestärke andicken.*

Den Hasenrücken dünn mit dem
Estragonsenf bestreichen, dann
mit den Schinkenspeckscheiben
belegen. Einen Bräter oder eine
feuerfeste Form mit dem fetten
Speck auslegen, das Lorbeerblatt
dazugeben und den Hasenrücken
in die Form legen.
Im Backofen bei starker Hitze
etwa 40 Minuten garen. Sobald
der Rücken zu bräunen beginnt,
hin und wieder mit dem Rotwein
und etwas Bratenfond übergießen.
Wenn er gar ist, den Hasenrücken aus dem Bräter nehmen,
in Alufolie einschlagen und warm
stellen.
Aus dem Bratenfond das Lorbeerblatt und die Speckreste entfernen. Danach die saure Sahne einrühren und die Sauce mit Salz
und Pfeffer abschmecken.
Den Hasenrücken tranchieren
und auf einer vorgewärmten
Platte anrichten. Die Sauce
getrennt dazu reichen.
Als Beilagen sind Kartoffelpüree
und Preiselbeerkompott ideal.

*Im ganzen Land wird im Herbst,
wenn der Frost eingesetzt hat,
Jagd auf Hasen gemacht. Ihr
Fleisch hat schon immer, insbesondere in den Städten, Liebhaber gefunden. Pasteten wurden
daraus gebacken, Suppen als
Krankenspeisung, Eintöpfe und
Ragouts zubereitet und die edel-
sten Teile wie Keule und Rücken
aufs feinste angerichtet, sofern
man sich den Braten leisten
konnte. Die Lübecker Art ist
typisch für die ganze Ostsee-
küste.*

WILDSCHWEINRÜCKEN SACHSENWÄLDER ART

1,2 kg Wildschweinrücken
Salz
schwarzer Pfeffer
6 Wacholderbeeren
80 g fetter Räucherspeck
in dünnen Scheiben
2 Zwiebeln
40 g Butter
4 cl Gin
¼ Liter Fleischbrühe
120 g saure Sahne
Saft von 1 Zitrone
3 EL Apfelmus

Tip:
*Die Sauce kann man auch
mit Rotwein anstelle der
sauren Sahne aufkochen,
darf sie aber nur ganz kurz
erhitzen, damit das Aroma
nicht verfliegt.*

Von dem Fleischstück das überschüssige Fett entfernen, dann den Rücken mit Salz, grob gemahlenem schwarzem Pfeffer und den zerdrückten Wacholderbeeren rundum einreiben.
Danach mit den Speckscheiben belegen.
Die Zwiebeln schälen und in Scheiben schneiden, die Butter in einem Bräter erhitzen. Die Zwiebelringe darin goldgelb andünsten, dann das Bratenstück anbraten.
Den Braten im Backofen bei mittlerer Hitze etwa 1 ¼ Stunden garen. Bei Bedarf zwischendurch etwas Wasser in den Bräter geben. Das Fleisch nicht zu lange im Ofen lassen, innen sollte es noch zart rosa sein.
Sobald der Wildschweinrücken gar ist, aus dem Bräter nehmen, auf den Rost im Backofen legen, den Bräter mit dem Bratenfond darunter stellen und die Speckscheiben entfernen. Den Rücken mit dem Gin übergießen. Bei starker Oberhitze gut braun werden lassen.
Wenn der Rücken ausreichend gebräunt ist, aus dem Ofen nehmen, in Alufolie einschlagen und einige Minuten ruhen lassen.
In der Zwischenzeit den Bratenfond mit der Brühe, der sauren Sahne und dem Zitronensaft aufkochen. Danach durch ein Sieb in einen Topf passieren und mit Salz und Pfeffer abschmecken. Kurz vor dem Servieren das Apfelmus einrühren.
Den Rücken tranchieren und auf einer vorgewärmten Platte anrichten, die Sauce getrennt reichen. Als Beilage können kleine Kartöffelchen und in Speck gedünsteter Rosenkohl gereicht werden.

*Die Wälder im Osten des Landes waren schon immer voller Wild, wenn die Jagd früher auch meist den Landesherren oder Standespersonen vorbehalten war. Als besonders wildreich gilt der Sachsenwald. Dort werden nicht nur Reh, Hirsch und Niederwild erbeutet, sondern auch Wildschweine, die „Schwarzkittel", die in einigen Gebieten fast zu einer Landplage geworden sind.
In den Restaurants des Sachsenwaldes und der umliegenden Orte ist köstlicher Wildbraten auf nahezu jeder Speisekarte zu finden. Das nebenstehende Rezept ist ein echter Klassiker dieser Region.*

Gebäck, Kuchen, Desserts und Getränke

Beerenbeslag – Birnenbeschlag

1 kg Kochbirnen
1 unbehandelte Zitrone
½ Zimtstange
2 Nelken
6 EL Zucker
100 g Butter
4 Eier
500 g Mehl
1 Tütchen Backpulver
¼ Liter Milch
1 Messerspitze Salz
400 g fetter Speck in Scheiben
Fett für die Form

Die Birnen schälen, halbieren und entkernen. Die Zitrone waschen, abtrocknen, schälen, die weiße Haut entfernen, die Schale in Würfel und das Fruchtfleisch in Scheiben schneiden. Die Birnen mit den Zitronenscheiben, der gewürfelten Schale, dem Zimt, den Nelken und 3 Eßlöffeln Zucker etwa 10 Minuten köcheln, dann abkühlen lassen. Aus der Butter, dem restlichen Zucker, den Eiern, dem Mehl, dem Backpulver, der Milch und etwas Salz einen glatten, nicht zu weichen Rührteig machen. Den Boden einer großen Auflaufform mit den Speckscheiben auslegen. Den Rand etwas einfetten. Dreiviertel der Birnen dicht nebeneinander auf den Speck legen. 4 bis 5 Eßlöffel Kochsaft darüber träufeln. Den Teig in die Form geben und die Birnen gänzlich damit bedecken. Bei mittlerer Hitze im Backofen etwa 1½ Stunden backen. Nach der Hälfte der Backzeit die Form mit Alufolie abdecken. Die restlichen Birnen pürieren, mit dem Kochsaft mischen und heiß als Kompott zu dem Birnenbeschlag servieren.

Die Zeit der Birnenreife wurde auf dem Lande herbeigesehnt, gab es danach nicht nur den „Groten Heini", sondern auch zahlreiche Süßspeisen, Kuchen und natürlich den Birnenbeschlag: süße Birnen mit kernigem Speck. Keine absonderliche Kombination, wie man zunächst vermuten könnte. Die beiden Hauptbestandteile, verfeinert mit Gewürzen, ergänzen einander auf das harmonischste.

Bickbeer-Blechkuchen
Kalte Holundermilch

BICKBEER-BLECHKUCHEN
400 g Mehl
1 Tütchen Backpulver
4 Eier
150 g Butter
250 g Zucker
Fett für das Blech
1 unbehandelte Zitrone
400 g streichfähiger
Frischkäse
500 g Bickbeeren
(Heidelbeeren)
50 g Mandelblättchen

KALTE HOLUNDER-MILCH
2 Holunderblütendolden
1 Liter Milch
2 Eier
2 EL Speisestärke
100–130 g Zucker
Salz
1 TL gemahlener Zimt

BICKBEER-BLECHKUCHEN

Das Mehl mit dem Backpulver, 2 Eiern, der Butter und 100 Gramm Zucker zu einem Mürbeteig verkneten und diesen auf einem gefetteten Backblech ausrollen.

Die Zitrone waschen, abtrocknen und die Schale rundherum abreiben. Den Frischkäse mit 2 Eiern, dem restlichen Zucker und der abgeriebenen Zitronenschale verrühren, die Bickbeeren untermischen. Den Belag auf den Teig streichen und mit den Mandelblättchen bestreuen.

Im Backofen bei 180 °C in etwa 50 Minuten goldbraun backen.

*D*ie Bickbeeren, hochdeutsch Heidel- oder Blaubeeren genannt, wachsen nicht nur in den Wäldern der Ostseeregion, sondern ebenso auf den ansonsten weniger ertragreichen Böden der Geest. Als kostenlose Waldfrüchte waren sie zur Ergänzung des täglichen Einerlei heiß begehrt. Für Kuchen, auch für Suppen und Kaltschalen wurden und werden die kleinen blauen Früchte gern genommen, denn einen „süßen Zahn" hatten die Bewohner des Nordens schon immer.

KALTE HOLUNDERMILCH

Die Holunderblüten in der Milch etwa 10 Minuten sanft köcheln, dann herausnehmen.

Die Eier trennen und die Eigelbe verquirlen. Die Milch mit der Speisestärke binden und vom Herd nehmen. 60 bis 80 Gramm Zucker, etwas Salz und die Eigelbe einrühren.

Das Eiweiß mit etwas Zucker zu steifem Schnee schlagen. Den restlichen Zucker mit dem Zimt mischen. Von dem Eischnee Klößchen abstechen und auf die heiße Milch legen, die Zucker-Zimt-Mischung darüber streuen und den Topf zudecken, damit die Eischneeklößchen gar werden. Vor dem Servieren gut kühlen.

*W*enn die Holundermilch besonders gut gelingen soll, muß natürlich die Anweisung des Feinschmeckers Baron Vaerst ganz genau eingehalten werden: Die Milch darf nur von einer dreijährigen, gesunden schwarzen Kuh stammen, die im Frühjahr auf trockener Weide einige Wochen lang gesunde Kräuter fraß und drei Monate vorher gekalbt hatte . . .

QUETSCHMADAM

*F*ür dieses Gericht wurden nicht etwa die Köchinnen drangsaliert, der Name ist vielmehr eine Verballhornung der im 18. Jahrhundert eingeführten Birnensorte „Quisse Madam". Sehr schnell erfreute sich die „Quetschmadam" weit über die Grenzen des Landes hinaus großer Beliebtheit, insbesondere auch bei den Hamburgern.

Älter noch als dieses Gericht ist das Voß-Haus in Eutin: Johann Heinrich Voß, Übersetzer der Ilias und der Odyssee, lebte hier. Heute sind die 300 Jahre alten Räume eine Adresse für Feinschmecker.

500 g Birnen
1 unbehandelte Zitrone
3 EL Zucker
½ Liter Milch
1 Stange Zimt
150 g Milchreis
200 ml Erdbeersaft
1 EL Puddingpulver

Die Birnen schälen, entkernen und in Stücke schneiden. Von der gewaschenen, abgetrockneten Zitrone die Schale dünn abschälen und beiseite stellen. Dann den Saft auspressen. Die Birnenstücke in wenig Wasser mit 1 Eßlöffel Zucker und etwas Zitronensaft dünsten.

Die Milch mit dem restlichen Zucker, der Zimtstange und der Zitronenschale aufkochen, den Reis einstreuen und bei geringer Hitze etwa 20 Minuten quellen lassen.

Den Erdbeersaft aufkochen und mit dem Puddingpulver binden. Die Birnen und den Reis heiß oder kalt servieren. Den Erdbeersaft getrennt dazu reichen.

Rode Grütt
Errötende Jungfrau

RODE GRÜTT
500 g entstielte rote
Johannisbeeren
250 g Himbeeren
¼ Vanillestange
200 g Zucker
150 g Speisestärke

Tip:
*Das Aroma von Himbeeren
verträgt nur ganz kurzes
Waschen. Besser ist es,
man verliest die Früchte
sehr sorgfältig – ohne
Wasser.*

ERRÖTENDE JUNGFRAU
½ Liter Buttermilch
½ Liter süße Sahne
Saft von ½ Zitrone
125 g Zucker
1 Tütchen Vanillezucker
50 g geriebene Mandeln
8 Blatt rote Gelatine

RODE GRÜTT
Die gewaschenen und verlesenen
Früchte in etwa 1½ Liter Wasser
knapp weich kochen, dann durch
ein feines Sieb streichen. Die
Fruchtmasse mit der Vanillestange
und dem Zucker nochmals einige
Minuten unter Rühren kochen,
dann mit der in etwas kaltem
Wasser angerührten Speisestärke
binden. In eine mit kaltem
Wasser angefeuchtete Form
füllen und kalt stellen.
Am besten schmeckt dazu unge-
schlagene süße Sahne oder kalte
Vanillesauce.

*Die Rote Grütze aus frisch
geernteten Früchten – ein
Gericht zum „Hineinlegen"! Je
nach Jahreszeit und Landschaft
wurden die jeweils reifen Früchte
dafür genommen und mit Buttermilch, süßer Sahne oder in wohl-
habenderen Haushalten mit
Vanillesauce verzehrt.
So gut schmeckt die Rode Grütt,
daß sie einen Siegeszug nach
Skandinavien und quer durch
Deutschland antrat: neben Aal
und Krabben wohl die populärste
Speise der nordischen Vorväter.*

ERRÖTENDE JUNGFRAU
Die Buttermilch und die Sahne
mit dem Zitronensaft, dem
Zucker, dem Vanillezucker und
den Mandeln vermischen. Die
Gelatine nach Packungsvorschrift
in 100 ml heißem Wasser auflösen und zur Milch geben. Gut
umrühren, in eine Glasschale
füllen und erstarren lassen.
Schlagsahne, leicht oder gar nicht
gesüßt, verziert auch diese But-
termilchspeise ideal.

*Die rote Gelatine, früher
öfters durch etwas Saft
ersetzt, läßt das Gericht ganz zart
„erröten". Und so erhielt es seinen Namen.*

Bauernmädchen im Schleier

1 EL Butter
2 EL Puderzucker
400 g geriebenes
Schwarzbrot
100 g Himbeermarmelade
200 g Apfelmus
4 EL Semmelbrösel

Zum Garnieren:
etwa 1/8 Liter süße Sahne
nach Belieben 1/2–1 TL
Zucker

Die Butter in einem Topf schmelzen lassen und den Puderzucker darin karamelisieren. Das Schwarzbrot dazugeben und rühren, bis eine geschmeidige Masse entsteht.
Etwas abkühlen lassen, dann schichtweise abwechselnd einen Teil der Schwarzbrotmasse, die Himbeermarmelade und das Apfelmus in ein hohes Gefäß füllen. Zum Schluß die Semmelbrösel darüber streuen und erkalten lassen.
Mit leicht gesüßter Schlagsahne servieren.

Eigentlich stammt diese handfeste Nachspeise nicht aus Schleswig-Holstein, sondern wurde von den Dänen übernommen. Sie ist hauptsächlich in der Schleswiger Region verbreitet. Das Bauernmädchen wird übrigens durch das Schwarzbrot symbolisiert, den Schleier bildet die süße Schlagsahne.

Quittenschnee

1 kg Quitten
300 g Zucker
1 EL abgeriebene Schale
einer unbehandelten
Zitrone
6 Eiweiß
1 EL Butter

Die Quitten mit einem Tuch abreiben, schälen und die Kerngehäuse entfernen. Das Fruchtfleisch in Spalten schneiden, mit dem Zucker mischen und zugedeckt beiseite stellen.

Die Schalen und Kerngehäuse mit wenig Wasser bei geringer Hitze etwa 2 Stunden köcheln lassen, wenn nötig, etwas Wasser nachfüllen. Die Flüssigkeit dann durch ein Sieb in einen Topf passieren und die Quitten darin in 1½ bis 2 Stunden bei geringer Hitze zugedeckt weich kochen.

Die Quitten durch ein feines Sieb streichen, die Zitronenschale dazugeben, eventuell nachzuckern. Das Eiweiß zu sehr steifem Schnee schlagen und unter das etwas abgekühlte Quittenmus heben.

Eine feuerfeste Form mit der Butter ausstreichen, den Quittenschnee einfüllen, glattstreichen und bei mittlerer Hitze im Backofen backen, bis sich eine goldbraune Kruste gebildet hat. Heiß servieren.

Quitten wurden auch früher schon in den milderen Zonen des Landes in den Obstgärten geerntet. Aus den ungewöhnlichen Früchten läßt sich nicht nur Kompott, Kuchenbelag, Quittenbrot und manch andere Spezialität herstellen, sondern auch der Quittenschnee: ein köstliches Ding, das häufig zu besonderen Anlässen die Tafel krönte. Nicht ganz unwichtig war für die Landfrauen von einst, daß sie für Quittenschnee zwar viel Zeit, aber sonst kaum etwas aufwenden mußten.

APFELGRÜTZE
RHABARBERGRÜTZE

APFELGRÜTZE
1 kg Äpfel
2 EL Speisestärke
nach Belieben 100 bis
150 g Zucker
Saft von 1 Zitrone
1/8–1/4 Liter Milch als
Sauce

RHABARBERGRÜTZE
750 g Rhabarber
250 g Zucker
1 unbehandelte Zitrone
1 Zimtstange
100 ml lieblicher
Weißwein
125 g Sago
nach Belieben Milch,
Schlagsahne oder Vanille-
sauce

APFELGRÜTZE
Von den Äpfeln die Stiele und
Blütenansätze entfernen. Das
Fruchtfleisch mit Schale und
Kerngehäuse in Stücke schneiden
und in wenig Wasser weich
kochen, dabei ab und zu
umrühren.
Die weichen Apfelstücke durch
ein nicht zu feines Sieb in einen
Topf streichen. Das Mus
nochmals aufkochen und die in
etwas kaltem Wasser angerührte
Speisestärke einrühren. Den
Zucker und den Zitronensaft
dazugeben und erkalten lassen.
Mit kalter Milch servieren.

*Der Ursprung dieses Gerichts
liegt in der Vermischung der
tagtäglichen Grütze mit Äpfeln,
die im ganzen Land geerntet wurden. Erst nach dem Aufkommen
verfeinerter Koch- und Eßkultur
wurde der Anteil Grütze verrin-
gert und bald ganz gestrichen,
bis dieses Rezept übrig blieb.*

RHABARBERGRÜTZE
Den Rhabarber ungeschält in
kleine Stücke schneiden und mit
dem Zucker vermischen.
Die Zitrone waschen, abtrocknen, spiralenförmig dünn
abschälen und dann den Saft auspressen. Den Rhabarber, die
Zitronenschale, den Zitronensaft
und die Zimtstange mit 1/2 Liter
Wasser, dem Wein und dem Sago
in einen Topf geben, unter
Rühren aufkochen und etwa
20 Minuten bei geringer Hitze
köcheln lassen.
Nochmals abschmecken. Die
Zitronenschale und die Zimtstange
herausnehmen. Die Grütze erkalten lassen. Mit kalter Milch,
Sahne oder Vanillesauce servieren.

*Daß die Grütze, meist nur
einfach gekocht, früher das
Hauptnahrungsmittel war, wurde
bereits erwähnt. Wenn keine
Butter oder Speck im Haus war,
jedoch reifes Gemüse oder Obst,
wurde es als willkommene Ergänzung in die Grütze gegeben und
mit Genuß verzehrt.
Heute erinnert auch bei diesem
Dessert nur noch der Name an
die Zeit der Grütztöpfe.*

Apfelkuchen

Für eine runde Springform
von 28 cm Durchmesser

Für den Teig:
½ Liter Milch
8 Eier
250 g Butter
125 g Zucker
50 g Hefe
500 g Mehl

Für den Belag:
800 g–1 kg Äpfel
1 EL abgeriebene Schale
einer unbehandelten
Zitrone

15 g Butter für die Form
Puderzucker zum
Bestreuen

Für den Teig: Die Milch leicht
erwärmen. 4 Eier trennen, die
Eiweiße für den Belag beiseite
stellen. Die Butter schaumig
rühren, dann die 4 ganzen Eier
und die 4 Eigelbe, den Zucker
und die in etwas Milch gelöste
Hefe dazurühren. Alles mit dem
Mehl zu einem glatten Teig verkneten.
Für den Belag: Die Äpfel schälen,
entkernen und in kleine Würfel
schneiden. Die Eiweiße zu steifem Schnee schlagen und mit den
Apfelwürfeln und der Zitronenschale unter den Teig mischen.
Den Teig zugedeckt etwa 1 Stunde
gehen lassen.
Die Form mit der Butter ausstreichen, den Teig hineingeben und
im vorgeheizten Backofen bei
180 °C etwa 40 Minuten backen.
Mit etwas Puderzucker bestreut
noch warm servieren.

*Nicht nur bei Gastereien
längst vergangener Zeiten,
sondern auch heute noch gehört
ein ordentliches Stück Kuchen
einfach zum Leben im Norden.
Auf den alten Höfen werden bei
mehr oder weniger bedeutenden
Anlässen oder Besuchen noch
immer die verschiedensten
Sorten, unter denen der Apfel-
kuchen nicht fehlen darf, gerade-
zu „bergeweise" aufgetischt . . .
und verzehrt.*

NEEJAHRSKOKEN FUTTJENS

NEEJAHRSKOKEN

¼ Liter Wasser
350 g weißer Kandis
500 g Weizenmehl
3 Eier
250 g Butter
je 1 Messerspitze
Kardamom und Anis
¼ Liter Milch
etwas Kandiszucker zum
Bestreuen

FUTTJENS

2 TL Hefe
1 Liter Milch
100 ml süße Sahne
100 g Butter
500 g Mehl
10 Eier
2 EL Zucker
1 TL Kardamom
65 g gemahlene Mandeln
oder Nüsse
50 g Rosinen
½ Liter Pflanzenöl
nach Belieben Zucker und
Zimt

Tip:
*Teepunsch ist ein beliebter
und bewährter Begleiter
dieses Gebäcks.*

NEEJAHRSKOKEN

Das Wasser zum Kochen bringen.
Den Kandis darin auflösen und
mit dem Mehl, den Eiern, der
Butter, etwas Kardamom und
Anis sowie der Milch zu einem
glatten Teig verrühren, der auf
keinen Fall zu dünn geraten darf.
Im Waffeleisen portionsweise
goldbraun backen und mit zer-
stoßenem Kandis bestreut servieren.

*Jede Jahreszeit hatte, auch
durch die Ernten, ihren speziellen Kuchen. Bei hohen Festtagen mußte es etwas ganz
Außergewöhnliches sein: Da
Kandis früher teuer und knapp
war, zeigte seine reichliche Verwendung bei diesem Backwerk
an, wie hoch Neujahr als Fest
bewertet wurde.*

FUTTJENS

Die Hefe in wenig lauwarmer
Milch anrühren. Die restliche
Milch mit der Sahne und der
Butter in einem großen Topf
erhitzen. Den Topf vom Herd
nehmen, bevor die Masse zu
kochen beginnt. Das Mehl auf
einmal hineinschütten und zu
einem Kloß verrühren. Dann den
Topf wieder auf den Herd stellen
und rühren, bis sich auf dem
Topfboden ein weißer Belag
gebildet hat.
Den Topf vom Herd nehmen und
nacheinander die Eier, den
Zucker, den Kardamom und die
Mandeln oder Nüsse hineinrühren. Zuletzt die angerührte
Hefe und die Rosinen dazugeben.
Den Teig etwa 45 Minuten
gehen lassen.
Das Öl in einem großen Topf
erhitzen. Von dem Teig mit
einem Löffel Klöße abstechen
und in dem heißen Öl schwim-
mend goldgelb backen. Nach dem
Abtropfen in einem Zimt-Zucker-
Gemisch wenden. Heiß oder kalt
servieren.

*Besonders festlich kamen
schon immer die Futtjens
daher, auch Förtchen genannt.
Vor allem an der Westküste sind
sie bis heute beliebt.*

BUTTERKUCHEN

Für den Teig:
40 g Hefe
¼ Liter Milch
100 g Zucker
500 g Mehl
1 Ei
80 g Butter
Salz

Fett für das Blech

Für den Belag:
150 g weiche Butter
2 TL gemahlener Zimt
100–125 g Zucker
100 g Mandelblättchen

Für den Teig: Die Hefe mit etwas lauwarmer Milch und 1 Eßlöffel Zucker anrühren und etwa 15 Minuten aufgehen lassen. Dann mit dem Mehl, dem Ei, dem restlichen Zucker, der Butter und etwas Salz zu einem glatten Teig verkneten. Zugedeckt an einem warmen Platz etwa 1 Stunde gehen lassen.
Auf einem eingefetteten Backblech ausrollen und mehrfach mit einer Gabel einstechen.
Für den Belag: Die Butter schaumig rühren und auf den Teig streichen. Mit dem Zimt, dem Zucker und den Mandelblättchen bestreuen. Im vorgeheizten Backofen bei mittlerer Hitze in etwa 30 Minuten goldbraun backen.

Ja, der „Botterkoken"...goldgelb gebacken, herrlich duftend, ist er so norddeutsch wie die Rote Grütze. Unmengen davon wurden auf riesigen Blechen zu Hochzeiten, Taufen oder anderen Festen gebacken. Und Unmengen davon wurden vertilgt.
Auch heute gehört dieser Blechkuchen, ob zum Kaffeeklatsch oder einem Fest, einfach dazu. Und wie er schmeckt...!

BÜSUMER EIERPUNSCH
DITHMARSCHER KAFFEE

BÜSUMER EIERPUNSCH
¼ Liter Wasser
¼ Liter 40 %iger Rum
8 Eier
3 EL Zucker
je 1 Messerspitze gemahlener Ingwer, Nelkenpulver und getrocknete Zitronenschale

DITHMARSCHER KAFFEE
1 Liter Wasser
1 Ei
8 TL gemahlener Kaffee

BÜSUMER EIERPUNSCH
Das Wasser erhitzen, nicht kochen. Ebenso den Rum erwärmen. Beides warm halten.
Die Eier trennen. Die Eigelbe in einem Topf mit dem Zucker schaumig schlagen. Das heiße Wasser unter ständigem Rühren dazugeben. Mit den Gewürzen abschmecken und den vorgewärmten Rum hineinrühren. Das heiße, schaumige Getränk in vorgewärmten Punschgläsern servieren.

DITHMARSCHER KAFFEE
Das Wasser zum Kochen bringen. In der Zwischenzeit das ganze Ei mit etwas kaltem Wasser verquirlen und den gemahlenen Kaffee einrühren. Diese Mischung in das sprudelnde Wasser geben und alles zwei- bis dreimal aufkochen lassen. 10 Minuten ziehen lassen, filtern und heiß servieren.

Auch die Frauen langten früher bei Branntwein, Korn oder Rumgetränken gerne zu, heißt es. Als die Zeiten etwas gesitteter wurden, war der Alkohol den Männern vorbehalten, die Dithmarscher Frauen tranken ihren Kaffee fortan mit einem Ei als Stärkungsmittel, ohne die alkoholische Zutat.

PHARISÄER
PELLWORMER TEEPUNSCH

PHARISÄER
Für 1 Tasse:
50 ml starker Kaffee
3 Stück Würfelzucker
3 cl Rum
2 EL steif geschlagene
süße Sahne

**PELLWORMER TEE-
PUNSCH**
Für eine gesellige Runde:
Kandiszucker
1 Liter nicht zu starker
schwarzer Tee
1 Flasche Kümmel
(0,7 oder 1 Liter,
z.B. De geele Köm)

PHARISÄER
Eine hohe Tasse zur Hälfte mit frischem heißem Kaffee füllen, den Zucker und den angewärmten Rum dazugeben und kurz umrühren. Eine Sahnehaube darauf setzen. Nicht mehr umrühren, durch die Sahnehaube trinken.

Die Flensburger Handelsherren führten den Rum im ganzen Land ein. Das löste „Gastereyen" aus, die den Argwohn der Obrigkeit erregten. So besann sich jede Region auf Getränke, denen man den geliebten Alkohol nicht gleich ansah. Die Büsumer erfanden ihren Eierpunsch, die Nordfriesen den Pharisäer: Der Erzählung nach entstand der Name des Getränkes auf der Halbinsel Nordstrand. Dort predigte einst ein Pfarrer vehement gegen den Alkoholkonsum seiner Schäfchen. Um ihn zu täuschen, wurde der Rum in Kaffeetassen getan, heißer Kaffee darüber gegossen, mit etwas Zucker gesüßt und mit einer gewaltigen Sahnehaube gekrönt, die das Ausströmen des Duftes verhindern sollte. Erst per Zufall entdeckte der Pfaffe die List und rief aus: „Oh, ihr Pharisäer …!"

PELLWORMER TEEPUNSCH
Etwas Kandiszucker in kleine Teetassen geben, dann zur Hälfte mit dem heißen Tee auffüllen. Einen guten Schluck Kümmel in jede Tasse geben, umrühren und heiß trinken.

Harmlos sieht der Punsch, das „Nationalgetränk" der Nordfriesen, in den kleinen Tassen aus, süffig schmeckt er … Doch bei zu reichlichem Genuß kann er wahre „Erdbeben" bei zu fröhlichen Zechern auslösen. Der Tee übrigens, bei den Holländern als belebendes Getränk bereits bekannt und beliebt, kam per Zufall an die Nordseeküste: 1735 strandete ein Teeclipper am Strand von Amrum. Unter den zahlreichen Kisten an Bord entdeckte man „Kohl", der zwar braun war, aber als eine Bereicherung der Kost angesehen wurde. Mit reichlich Speck und Rauchfleisch versehen, sollte er zu einer Abart des Grünkohls gekocht werden. Die langen Gesichter nach dem Probieren kann man sich vorstellen – es schmeckte scheußlich. Erst Jahre später, als ein Kapitän ein Teerezept von einer Ostindienfahrt mitbrachte, wurde der Irrtum aufgeklärt.

LÜBECKER BISCHOF
ANGELNER MUCK

ANGELNER MUCK

Den Rum mit dem Wasser mischen, erhitzen, aber nicht kochen. Mit dem Zitronensaft und dem Zucker abschmecken und heiß servieren.

Der Name dieses Getränkes hat nichts, aber auch gar nichts mit Anglern zu tun, wie man beim flüchtigen Lesen des Namens vermuten könnte. Das Getränk wurde in der Landschaft Angeln kreiert, eine Abart des Grogs, etwas gesünder vielleicht, weil mit Zitronensaft vermengt. Nur am Rande sei vermerkt: kein Getränk für Zartbesaitete.

Im Sommer bietet an kühlen Tagen der Strandkorb Schutz, im Winter greift man zu wärmenden Getränken.

LÜBECKER BISCHOF
1 grüne bittere Pomeranze
1 Flasche Bordeaux
Zucker

ANGELNER MUCK
¼ Liter Rum
¼ Liter Wasser
Saft von 3 Zitronen
4 EL Zucker

LÜBECKER BISCHOF

Die Pomeranze waschen, abtrocknen und ganz dünn abschälen. Die Schale in ein Bowlegefäß legen, mit dem Bordeaux übergießen und zugedeckt mindestens 10 Stunden ziehen lassen. Vor dem Servieren mit Zucker abschmecken.

Umstritten ist die Herkunft des Namens für dieses Getränk. Die einen meinen, daß seine Farbe große Ähnlichkeit mit den Soutanen der Bischöfe aufweise. Andere wiederum schreiben den Bischöfen diese Mischung zu, weil sie sich den Rotspon leisten konnten. Letztlich ist nur entscheidend, daß der Punsch ausgezeichnet schmeckt.

HELGOLÄNDER FEUER
SCHRIFTGELEHRTER

HELGOLÄNDER FEUER
Für 1 Glas:
3 Stück Kandiszucker
3 cl Rum
30 ml Weißwein
30 ml heißes Wasser

SCHRIFTGELEHRTER
Für 1 Tasse:
50 ml heißer Kakao
3 Stück Würfelzucker
3 cl Rum
2 EL steif geschlagene
süße Sahne
1 Messerspitze Kakao-
pulver

HELGOLÄNDER FEUER
Den Kandiszucker in ein Glas geben, den angewärmten Rum und den erhitzten Weißwein dazugeben. Mit heißem Wasser auffüllen und sofort servieren.

Der Rotspon aus Lübeck oder Bremen war der armen Inselbevölkerung meist zu teuer. Billiger kam man zu Weißwein aus deutschen Landen, von dem häufig sogar ein Fäßchen an den Strand gespült wurde. Aus dem Inhalt wurde Punsch zubereitet: Für die nötige Würze kam ein Schuß Rum dazu, um an den langen und kalten Winterabenden etwas Warmes „för de Seel" zu haben.

SCHRIFTGELEHRTER
Den Kakao in eine hohe Tasse füllen, den Zucker und den angewärmten Rum dazugeben und umrühren. Die Sahne als Haube darauf setzen und das Kakaopulver darüber streuen. Durch die Sahnehaube trinken.

Dieses süffige, heiße Getränk gilt oft als der kleinere Bruder des Pharisäers, weil es aus Kakao und nicht aus Kaffee zubereitet wird. Und richtig, der Schriftgelehrte ist lieblicher, und dem Rum scheint die Verbindung mit dem Kakao gut zu bekommen. Insbesondere an der Nordseeküste finden damit alle, denen Koffein nicht bekommt, eine leckere Alternative.

DIE REZEPTE NACH GRUPPEN

Soweit in den Rezepten nichts anderes vermerkt ist, sind die Zutaten für vier Personen berechnet.

DIE REZEPTE ALPHABETISCH

Soweit in den Rezepten nichts anderes vermerkt ist, sind die Zutaten für vier Personen berechnet.

Bildquellen
Impressum

Bilderberg: Ellerbrock & Schafft 30, 34 u.; Michael Engler 7, 24/25, 27, 86; Wolfgang Kunz 26; Andrej Reiser 6, 31 u.
Focus: Roman Bezjak 162; Ulrich Gehner 8, 11, 58, 68 u., 100; Urs F. Kluyver 69; Tom Krausz 16, 17; Walter Mayr 10, 14, 19, 20, 21, 65, 112; Jürgen Röhrscheid 68 o.; Hans W. Silvester 31 o., 124
IFA: K. Thiele 80
Hubert Metzger: 134, 148
Günter Pump: 2, 12/13, 18, 34 o., 38, 39, 46, 48, 49, 51, 53, 55, 57, 62, 63, 67, 74, 104
Sigloch Bildarchiv: 41; Hans Joachim Döbbelin 70/71, 106/107, 128/129, 156/157 sowie alle ungeraden Seiten von 73 bis 185
Studio für Landkartentechnik, Norderstedt: 4/5
Visum: Gebhard Krewitt 22, 23 u., 76, 108; Rudi Meisel 37; Rolf Nobel 9, 15, 40, 45, 47, 52, 56; Dirk Reinartz 29, 60/61, 182; Jo Röttger 36, 43, 44 (2), 59; Wolfgang Steche 23 o., 42, 72; Michael Wolf 32/33

©1995 Sigloch Edition, Zeppelinstraße 35 a, D-74653 Künzelsau
Nachdruck verboten. Alle Rechte vorbehalten. Printed in Germany
Reproduktion: Lihs Satz und Repro, Ludwigsburg
Satz: Sigloch Edition, Künzelsau
Druck: Druckerei Eberl, Immenstadt
Papier: 135 g/m² BVS-Plus glänzend chlorfrei der Papierfabrik Scheufelen, Lenningen
Bindearbeiten: Sigloch Buchbinderei, Künzelsau
ISBN 3-89393-111-2

REIHENWEISE
KULINARISCHE KÖSTLICHKEITEN

REIS

NUDELN

OSTERN

BIER

AKTIV & VITAL

FRANKEN
Kulinarische Streifzüge

SCHWABEN
Kulinarische Streifzüge

SWABIA
a culinary tour

BAYERN
Kulinarische Streifzüge

MECKLENBURG
Kulinarische Streifzüge

SACHSEN
Kulinarische Streifzüge

THÜRINGEN
Kulinarische Streifzüge

BADEN
Kulinarische Streifzüge

BERLIN BRANDENBURG
Kulinarische Streifzüge

ODENWALD
Kulinarische Streifzüge

SCHWEIZ
Kulinarische Streifzüge

DEUTSCHLAND
Kulinarische Streifzüge

ÖSTERREICH
Kulinarische Streifzüge

EUROPA
Kulinarische Streifzüge

CHINA
Kulinarische Streifzüge